社会主义本质概说

主　　编　闫　玉

副主编　孔德生　王雪军

本册作者　门艳玲

中华工商联合出版社

图书在版编目（CIP）数据

社会主义本质概说 / 门艳玲编著. --北京：中华
工商联合出版社，2014.3
ISBN 978-7-80249-974-4

Ⅰ．①社… Ⅱ．①门… Ⅲ．①科学社会主义理论－青
年读物②科学社会主义理论－少年读物 Ⅳ．①D0-0

中国版本图书馆 CIP 数据核字（2014）第 034658 号

社会主义本质概说

作　　者：	门艳玲
出 品 人：	徐　潜
策划编辑：	魏鸿鸣
责任编辑：	徐彩霞
封面设计：	徐　超
责任审读：	李　征
责任印制：	迈致红
出版发行：	中华工商联合出版社有限责任公司
印　　刷：	固安县云鼎印刷有限公司
版　　次：	2014 年 4 月第 1 版
印　　次：	2021 年 10 月第 2 次印刷
开　　本：	155mm×220mm　1/16
字　　数：	71
印　　张：	11
书　　号：	ISBN 978-7-80249-974-4
定　　价：	38.00 元

服务热线：010－58301130
销售热线：010－58302813
地址邮编：北京市西城区西环广场 A 座
　　　　　19－20 层，100044
http://www.chgslcbs.cn
E-mail：cicap1202@sina.com（营销中心）
E-mail：gslzbs@sina.com（总编室）

工商联版图书

凡本社图书出现印装质量
问题，请与印务部联系。
联系电话：010－58302915

目 录 *Contents*

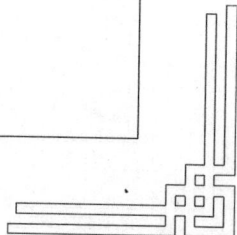

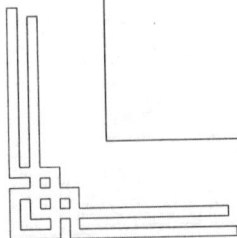

　　自 1848 年马克思、恩格斯合著的《共产党宣言》问世以来，世界社会主义运动经历了一个多世纪的风风雨雨，它曾创造过高歌猛进的英雄业绩，也遭受过沉痛的挫折和失败。当回首社会主义运动的风雨历程时，人们不能不深思：社会主义发展道路为什么如此曲折多舛？这就要求我们搞清楚什么是社会主义，也就是要探求社会主义本质，要求我们正确而科学地揭示社会主义本质。只有从根本上对社会主义本质进行认识，才能更好地体会社会主义制度的优越性。

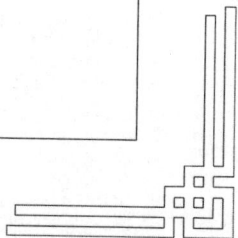

一、社会主义
——共产主义的第一阶段

（一）社会主义名字的由来

"社会主义"一词源于拉丁文。它是一种经济社会学思想，主张或提倡整个社会作为整体，由社会拥有和控制产品、资本、土地、资产等，其管理和分配基于公众利益。

关于"社会主义"一词的最早使用，通常

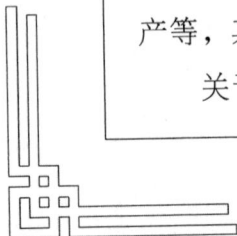

有三种说法：第一种说法认为，最早使用的是德国神学家、天主教本笃派教士安塞尔姆·德辛，他在 1753 年与人论战时把遵循自然规律的人称为社会主义者；第二种说法认为，最先使用"社会主义"一词的是意大利传教士，一开始表示的是一种上帝安排的传说制度，后来与无产阶级解放运动相联系而获得了政治意义；第三种说法也是最为普遍的一种说法，认为"社会主义"一词最初出现在 19 世纪 20 至 30 年代欧文主义的刊物《合作》杂志和圣西门主义的刊物《环球》杂志上。空想社会主义者用这个词来表达他们不满资本主义社会中盛行的个人主义而期望实现集体主义理想。1827 年英国空想社会主义者欧文的合作学说的信徒在《合作》杂志上发表文章，曾有"公有主义者和社会主义者"的话。《英国社会主义史》一书的作者比尔据此认为"社会主义这一名词必然是在这些辩论中创造出来的"，可是却拿不出实际的凭据。这样，首次使用"社会主义"一词的这份"殊荣"便落到法国人头上了。在

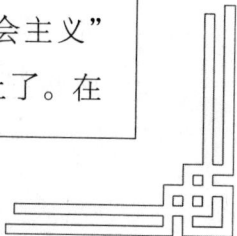

1832 年 2 月 13 日的《环球》杂志上，法国圣西门派的戎西埃雷在一篇文章中写了这样一句话："我们不愿意为社会主义而牺牲个人，也不愿意为个人而牺牲社会主义。"1833 年，英国欧文派的刊物《贫民卫报》上也使用了"社会主义"这一词语，但较法国圣西门派毕竟略晚了一步。何况，法国圣西门派继戎西埃雷之后，比埃尔·勒鲁于 1834 年发表了《论个人主义与社会主义》的文章，这样就使社会主义较早地流行于法国。英国的欧文派则是在 1836 年欧文的《新道德世界书》中称未来社会为"理性社会制度"的。1840 年欧文出版了《社会主义或理性社会制度》一书，1841 年欧文又发表文章阐述了关于"什么是社会主义"的问题，从此以后，欧文的社会主义及"社会主义"一词才流行于英国。"社会主义"一词是从法国传入英国的？英法两国几乎同时使用这个词语吗？还是从英国最先使用的"社会主义者"演变出"社会主义"又传入法国？总之，19 世纪 40 年代，"社会主义"一词作为一个新

的时髦的名词流行起来了。

起初，"社会主义"一词含有为提高劳动群众的福利和保障社会和平而改造社会制度的意思，容许财产不平等存在。而当时的"共产主义"一词，则一般是指通过生产资料（有时也包括生活资料）公有的办法来建立社会平等，主张取消财产不平等。所以无产阶级革命导师对于科学社会主义以前的空想社会主义和空想共产主义理论，有时统称为"社会主义"，有时则加以区别。无产阶级开始独立的政治斗争以后，资产阶级经常利用"社会主义"来反对阶级斗争和无产阶级革命。恩格斯曾指出："在1847年，社会主义是资产阶级的运动，而共产主义则是工人阶级的运动。"

马克思在1842年10月15日撰写的《共产主义和奥格斯堡〈总汇报〉》一文中，恩格斯在1843年撰写的《大陆上社会改革运动的进展》一文中，分别首次使用了"社会主义"一词，并赋予了科学的含义。不过在当时，马克思、恩格斯是把社会主义作为共产主义的同

义语来使用的。

从此以后，作为思潮的名称，"社会主义"通常是指科学社会主义，是关于无产阶级解放条件的学说，即关于消灭一切阶级实现共产主义的一般规律的科学。

但是，"社会主义"仍有各种各样的含义和用法。马克思、恩格斯在《共产党宣言》中，把除了科学社会主义以外的 19 世纪中叶在欧洲流行的社会主义思潮归纳为反动的社会主义（包括封建社会主义、小资产阶级社会主义和"真正"社会主义、资产阶级社会主义和批判的空想的社会主义）。

今天，我们把社会主义作为与资本主义相对立并用以取代资本主义的社会制度而使用。世界社会主义影响最为深远的有三大流派：民主社会主义、国家社会主义、科学社会主义。

民主社会主义又称"社会民主主义"，是社会党国际及其所属社会党的理论旗帜。作为社会民主主义的一个分支、一种对资本主义的改良思潮，民主社会主义早在 19 世纪初中期的国际工人运动中就存在。后来，在马克思主义广泛传播的基础上，欧洲国家建立的工人政党接受了马克思主义的主张，同时又自称为"社会民主党"和"社会民主主义者"。随着第二次工业革命带来的又一次经济繁荣，欧洲政治形势发生变化，普选权的推广、工会力量的扩大，使人民获得更多的民主权利。在这一情形下，随着布朗基主义突击式的暴力革命已不可能获得成功，而新的革命形势又远未到来，恩格斯开始提出新的历史形势下的革命战略，在不放弃暴力革命的基础上，有效利用普选制度，实行议会斗争。

1895 年恩格斯逝世后，在议会中获得多个席位的社会党不愿意放弃既得的利益，希望通过修改纲领，来钝化革命性质，融入现实制度，于是伯恩斯坦等人以民主社会主义"修正"了马克思主义，将恩格斯的和平斗争理论片面化、绝对化，这种社会改良主义就逐渐成为社会民主党的主导思想。经过 20 世纪初期的历史分野，民主社会主义在百年来的发展演

变中，与科学社会主义愈行愈远。

民主社会主义者并不向我们指出，一切真正的革命都是在统治阶级的逼迫下发生的，群众从未放弃过和平斗争的机会，但统治阶级是用刺刀来回答群众非暴力的善意的。发动革命是群众捍卫自身利益的最后的武器，革命群众不可能放弃这一权利，因为统治阶级并未放弃发动侵略和内战的权力。民主社会主义者要求群众放弃自己的自卫手段，却对统治阶级的武装闭口不谈。

国家社会主义又称"拉萨尔主义"。国家社会主义的创始人是拉萨尔，在德国人看来，国家是代表一切阶级利益的超阶级的存在，实现社会主义不应该寄希望于革命，而应该企求国家的恩赐，所以他的要求是实行普选，国家扶持建立工人合作社，实行国有化等。尽管科学社会主义和国家社会主义都提出了国有化的主张，但在科学社会主义看来，国有化不过是资本主义走向崩溃时所必然导致的结果，而国家社会主义却将它看作救世良方。而在实践上，国家社会主义要求的国有化是在资本主义不发达的情况下实行的，作为对市场的限制，科学社会主义要求的国有化建立在发达的资本主义基础上，它所导致的必然是市场的消亡，而国家社会主义却将使市场停留在不发达的形态上，在这样的基础上，将使国家机器在社会生产中发挥中心作用，而为了维持这种局面，国家机关就必将竭力限制市场的发展，垄断一切经济资源，内在地迫切需要进行专制统治和对外扩张。

法西斯主义利用了一定的国家社会主义元素，尤其是纳粹将法西斯化的国家社会主义异化为了民族社会主义，而苏联也被一部分西方社会主义者视为国家社会主义，然而由于苏式社会主义在社会主义流派中取得了正统地位，这一说法并没有获得广泛认同，持有这一观点的典型代表是英国的社会主义者伯特兰·罗素和乔治·奥威尔。法西斯化的国家社会主义（民族社会主义或者纳粹主义）强调：国家是绝对物，所有个人和集团都是相对的，国家是

个人真正的理性和自由意志的体现，个人必须绝对服从国家。法西斯化的国家社会主义包含种族主义的影子，作为一种历史实践，后来的法西斯化国家社会主义和拉萨尔的国家社会主义（拉萨尔主义）已经没有太多的联系，但都反映出德国所具有的社会因素。不管是作为理论还是制度，国家社会主义是小农和小市民等小资产者阶级的产物。

科学社会主义不是一般意义的社会主义，而是共产主义。科学社会主义理论于工业革命和法国大革命之后壮大。共产主义不是各种社会主义思潮的一个分支，由于其直指阶级社会的根源——私有制，也就超越了一切社会主义。伴随资本主义的曙光，所产生的空想社会主义尽管已经到达空前的高度，但他们热衷于营建头脑中的城市，还不足以消灭私有制。科学共产主义，是在现代工业和世界市场的基础上建立起来的。只有当私有制最终发展到其最完备、最高级的时期，发展为资本主义私有制，也就是关于私有制的对立运动走向最终阶段时，共产主义才能获得消灭私有制的历史任务，只有在这时，共产主义才不是表现为对一种理论的实践，而是关于历史实践的理论，以马克思主义为开端产生了科学共产主义。

（二）共产主义创始人眼中的社会主义

什么是社会主义？伟大的革命导师马克思和恩格斯眼中的社会主义是怎样的？这要探讨马克思、恩格斯的社会主义本质观。马克思、恩格斯从未使用过"社会主义本质"这个概念，我们无法摘引他们一句或几句结论来回答这一理解科学社会主义理论的关键问题。但只要我们认真考察科学社会主义产生的历史背景，系统地对马克思、恩格斯的有关论述进行分析，就不难发现，他们关于社会主义本质的观点是十分鲜明的。

马克思 1818 年 5 月 5 日出生于德国普鲁

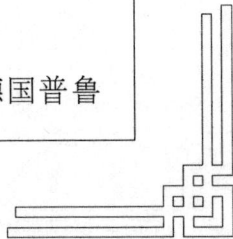

士莱茵省特里尔城的一个犹太律师家庭。1830—1835 年就读于特里尔中学；1835 年入波恩大学学习希腊罗马神话和艺术史类课程；1836 年入柏林大学攻读法律和哲学；1841 年 4 月获耶拿大学哲学博士学位，其间他先后受到黑格尔和费尔巴哈哲学的影响。

1842 年 1 月开始为科隆的《莱茵报》撰稿，同年 10 月进入《莱茵报》当编辑，负责撰写有关各种社会和经济问题的社论，他的文章使《莱茵报》的发行量增加了两倍，成为普鲁士的一家主要报纸。1843 年 6 月与燕妮·封·威斯特华伦结婚，后移居巴黎，并开始与进步工人团体发生联系。1844 年结识恩格斯，并合著了批判"青年黑格尔派"的著作《神圣家族》，后又合著了《德意志意识形态》，第一次充分论述了他们的唯物史观，阐明了人类"物质生活的生产方式制约着整个社会生活、政治生活和经济生活的过程"，以及社会存在决定社会意识的基本原理，从而揭示了人类历史的发展规律。1845 年 2 月被法国驱逐出境，迁往布鲁塞尔。1847 年与恩格斯一起参加了"正义者同盟"（后改为"共产主义者同盟"），并合著了同盟宣言——著名的《共产党宣言》，指出共产主义运动已成为不可抗拒的历史潮流。1848 年《共产党宣言》的发表标志着马克思主义的诞生。

马克思第一次对共产主义理想进行系统的论述，是在《1844 年经济学哲学手稿》中。该书对资产阶级经济学说进行批判性的考察时，发现资产阶级经济学家们把作为自己学说基础的私有制看成一种不言而喻的事实，而没有说明理由。古典经济学的杰出代表亚当·斯密虽然揭示了私有制的本源是劳动，无论商品、货币、资本都不过是人的劳动的凝结，从而得出"劳动是财富的唯一本质"的结论。但这一结论又使他自己的学说陷入一个不可克服的矛盾之中。既然劳动是财富的唯一源泉，劳动的全部产品就应该属于工人，为什么工人只能获得"为繁衍工人这个奴隶阶级所必要的那一部分"呢？由于资产阶级经济学家只把工人当作"劳

动的动物",工人和一匹马一样只应得到维持劳动所必需的东西,他们对这一显而易见的矛盾完全不予理会。马克思站在工人阶级的立场上,从对劳动的研究出发去寻求私有制的本质,提出了异化劳动理论。正是这一理论,开启了通向共产主义的大门。

马克思认为,劳动是人类自由的、自主的活动。"人类的特性恰恰就是自由的有意识的活动。"正是这一点把人与动物区分开来,因此,劳动是人的本质。但在资本主义制度下,工人创造的产品不属于自己,他们生产的商品越多,自己就越变成廉价的商品,并且越受他们的产品即资本的统治和奴役。这种物的异化现象源于人的劳动活动本身的异化。资本主义制度下的劳动已不是自由的自主的活动,而是一种"被迫的强制的劳动",工人在劳动中不属于自己,而是属于别人。劳动对他们来说不是幸福,而是不幸;不是发挥自己的体力智力,而是使自己的肉体受尽折磨,精神遭受摧残。因此人们会像逃避瘟疫那样逃避劳动。当人们只有逃避劳动，在劳动之外才感到自由时，人与自己的本质也发生了异化，于是，人丧失了自身。既然劳动产品不属于工人所有，劳动也只能给工人带来痛苦，那么劳动的存在就必然给另一个不劳动的人带来享受和快乐。因而，这种异化劳动不仅生产了商品，而且生产了一个站在劳动之外的、剥削工人的资本家。这是马克思对资本占有雇佣劳动所作的最早的理论表述。

对异化劳动的分析，使马克思发现私有制的本质并非亚当·斯密所说的劳动，即不是人类本来意义上的劳动，而是异化劳动。马克思指出："尽管私有财产表现为外化劳动的根据和原因，但确切地说，它是外化劳动的后果，正像神原先不是人类理智迷误的原因，而是人类理智迷误的结果一样。后来，这种关系就变成相互作用的关系。"私有制是异化劳动的产物和必然结果，又是异化劳动的实现形式，这一发现有极其重要的意义。既然私有制的本质是异化劳动，既然异化劳动使人丧失了自己，

使人不再成其为人，那么，理想的未来社会就应当把人从异化劳动中解放出来，使人还原为人。基于这种认识，马克思在《1844年经济学哲学手稿》中把共产主义定义为："共产主义是私有财产即人的自我异化的积极的扬弃，因而是通过人并且为了人而对人的本质的真正占有。因此，它是人向自身、向社会的（即人的）人的复归，这种复归是完全的、自觉的，而且保存了以往发展的全部财富的。"

《1844年经济学哲学手稿》还不是马克思成熟时期的著作。考察一下马克思主义发展中具有标志性的一系列著作中关于人类解放才是共产主义的目的和本质的思想，可以得到进一步的论证和更具体的说明。1845年秋到1846年5月，马克思、恩格斯共同完成的《德意志意识形态》一书，是唯物史观形成的标志。他们根据这一新的历史观，对社会主义必然取代资本主义作了科学论证，同时也对社会主义的本质再次作了科学论证。他们认为，全部社会生活在本质上是实践的，人的实践活动既改变

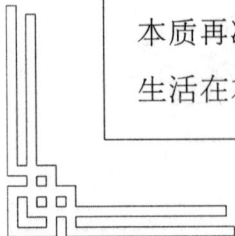

了环境，也改变了人自身。人类最基本的实践活动是生产劳动。随着生产力的发展产生了分工，先是自然分工，这种分工已产生出"非常原始和隐蔽的奴隶制"，即妻子儿女成为丈夫的奴隶。但只有社会分工，即"从物质劳动和精神劳动分离的时候起才真正成为分工"。分工使一部分人不再从事物质劳动而专门从事经济与国家事务的管理，从事科学与艺术活动，不仅对生产力发展起了巨大的推动作用，而且使人类得到了全面发展。但这种全面发展却是以广大体力劳动者片面发展为代价的。"只要特殊利益和共同利益之间还有分裂，也就是说，只要分工还不是出于自愿，而是自然形成的，那么人本身的活动对人来说就成为一种异己的、同他对立的力量，这种力量压迫着人，而不是人驾驭着这种力量。"可见，正是分工使劳动异化，并导致私有制和阶级的产生。为了克服劳动异化和私有制引起的一系列矛盾，"只有再消灭分工"，并"消灭私有制和消灭劳动本身"。所谓"消灭劳动"，当然是指消灭由

于分工引起的异化劳动。马克思、恩格斯在该书中再三强调要"消灭劳动",并且认为这是共产主义革命和过去一切革命的根本区别。"迄今为止的一切革命始终没有触动活动的性质,始终不过是按另外的方式分配这种活动,不过是在另一些人中间重新分配劳动,而共产主义革命则针对活动迄今具有的性质,消灭劳动。"分工的消灭以及异化劳动的消灭是以生产力的巨大增长和高度发展为前提的。当人们创造的物质财富仅仅能满足谋生的需求时,人是谈不上自由的,只有当劳动生产率不断提高,谋生劳动所占的时间越来越短,人们可自由支配的时间才会增加,"时间是人类发展的空间",只有有了时间才能使人获得自由而全面的发展。

1848年问世的《共产党宣言》(以下简称《宣言》)是科学社会主义产生的标志。《宣言》在论述了资本主义灭亡的必然性之后指出:"代替那存在着阶级和阶级对立的资产阶级旧社会的,将是这样一个联合体,在那里,每个人的自由发展是一切人自由发展的条件。"

　　马克思、恩格斯在这里把人类解放直接称为"人的自由发展"。同时强调每个人的自由发展不会再以其他人的不发展为条件。因为在共产主义社会中，阶级和剥削已经消灭，生产的目的是为了人，这种人已不再是彼此隔绝的人，而是社会的人。每个人可以自主地、自由地参加生产劳动，这种生产既是自由个性的要求，也为别人提供了生活、享受和发展的资料；既体现了为别人存在，又体现了别人为他存在。因为别人的需要、别人对他的产品的享受和评价又成为他发展的条件，人们就这样相互生产着，在肉体和精神上相互创造着。因此每个人的自由发展就成为一切人自由发展的条件。1894 年，即恩格斯逝世的前一年，意大利人米·卡内帕请他为即将出版的周刊《新世纪》找一段题词，用简短的文字来表达未来社会主义新纪元的基本思想，恩格斯在回信中选用了《宣言》中的这段话，并强调，除此以外"我再也找不出合适的了"。因为正是这段话描

述了人类解放的最高境界，体现了伟大而崇高的共产主义理想，也是对共产主义本质最精辟的概括。

《资本论》对未来社会的设想把《宣言》概括的共产主义理想具体化了。马克思设计了一个"自由人联合体"，其特征是实行公有制、计划经济、按劳分配，阶级和国家也随之消亡。这个联合体是"以每个人的全面而自由的发展为基本原则的社会形式"。马克思还对"自由人联合体"的实现条件进行了分析，他说："自由王国只是在由必须和外在目的规定要做的劳动终止的地方开始；因而按事物的本性来说，它存在于真正物质生产领域的彼岸。"只有生产力高度发展，只有人不再受机器的奴役，即生产完全自动化的条件下才能实现人的解放。

1873年1月，恩格斯在《再论蒲鲁东和住宅问题》一文中，使用了"德国科学社会主义"这个概念，马克思也在《巴枯宁〈国家制度和无政府状态〉一书摘要》（1874—1875年初）使用了"科学社会主义"这个概念。两位马克思主义创始人几乎同时把自己的理论称为"科学社会主义"，使社会主义实现了从空想到科学的发展。1880年恩格斯又出版了《社会主义从空想到科学的发展》一书，于是，在马克思主义文献中就不一定对社会主义均加上"科学"的界定，而只通称社会主义了。这里的社会主义与以前众多的社会主义派别不可等同和混淆。马克思主义所说的社会主义，从广义上说就是全部的马克思主义，从狭义上说是马克思主义的组成部分之一：社会主义的理论与实践。社会主义使人类社会的发展出现了质的飞跃。

（三）中国为什么选择社会主义

"社会主义"是怎样传到中国的呢？通常我们说"十月革命一声炮响，给我们送来了马

克思列宁主义",这是就十月革命的巨大历史影响而言的,实际上马克思主义(也涉及"社会主义"这个词语)传到中国要早于1917年。19世纪70年代,西学东渐,"社会主义"一词开始在日本、中国书刊中出现。日本学者加藤弘之于1870年在《真政大意》中用日文片假名音译西方"社会主义"一词,西周于1871年在《百学连环》中意译为"会社之说",福地源一郎于1878年6月在《东京每日新闻》上第一次用汉字意译为"社会主义"。中国的《西洋杂志》于1878年音译为"索昔阿利司",《万国公报》于1899年意译为"安民新学"、"养民学",康有为、梁启超从1901年至1902年意译为"人群之说"、"人群主义"。梁启超从1902年出版的《新民丛报》第18期开始,把当时日本人通用的"社会主义"一词移植过来。从此,"社会主义"一词在中国书刊中逐步得到使用。梁启超是最先把社会主义学说介绍到中国来的人,李大钊是第一位在中国传播科学社会主义学说的人。那么,中国又为什么选择了社会主义呢?

第一,中国历史的选择。

历史发展有其自身的演进规律。若不受到外界特殊的影响,它将亦步亦趋地向前迈进。当然,步伐大小,速度快慢,因地而异。中国是世界文明古国之一。古代时期,全部经历了马克思分析的那几种社会形态。正当中国社会向马克思所说的"现代资产阶级的生产方式"演进的历史时刻,中国遭到了强敌入侵,打断了它正常的历史进程,滑向了被列宁称之为"半殖民地"、"半封建"的历史旋涡。外国资本主义的到来,尽管对中国封建经济起了瓦解作用,但他们压制了中国资本主义的发展。历史证明:在资本主义上升时期,在优于资本主义的社会主义制度诞生以前,资本主义是一种良好的社会制度,能够促使社会生产力不断快速地发展。马克思、恩格斯在《共产党宣言》中明确指出:"资产阶级在它的不到一百年的阶级统治中所创造的生产力,比过去一切世代创造的全部生产力还要多,还要大。"所以,

19世纪中后期开始，西方资本主义列强入侵中国，中国变成半殖民地国家，更利于它们在中国横行霸道。因此，列强国家阻止中国走上资本主义道路是肯定无疑的。

在列强国家侵入中国的时候，清政府逐渐成为"洋人的朝廷"。与此同时，封建地主阶级打击压制新生社会力量。在稍有生气的洋务运动中，还是死死抱着"中学为体，西学为用"的观念，以致"求强"、"求富"不得实现而失败。在辛亥革命期间，封建地主阶级勾结帝国主义，镇压革命派，结果自身被革命派推翻了。中国封建地主阶级没有像日本封建地主阶级那样，通过改良而发展资本主义，走向自强，相反，在堕落中走向衰亡。中国民族资产阶级没有能力建立起名副其实的资产阶级共和国，以发展资本主义。在19世纪70年代中国民族资本主义产生的时候，中国已经沦为半殖民地半封建社会。在外国资本主义压迫和本国封建主义束缚之下求生存谋发展的中国民族资本主义，步履维艰。至19世纪末20世纪初，在民族危亡之际，中国民族资产阶级振作起来，踏上革命征途，发动了辛亥革命。然而，由于其自身的软弱和妥协，刚刚通过革命得来的成果，很快就被袁世凯窃取了，辛亥革命失败。历史证明，资产阶级共和国方案没能救中国。共产党领导中国人民经过艰苦卓绝的革命斗争，取得了新民主主义革命的胜利，建立了新中国。历史选择了社会主义。

第二，中国共产党的性质使然。

1921 年 7 月，中国共产党第一次全国代表大会在上海召开，正式宣告了中国共产党的诞生。中共"一大"讨论并通过了党的纲领，反映了中国共产党立志要通过暴力革命的手段，砸碎旧的国家机器，建立无产阶级专政，为实现共产主义而奋斗。毛泽东在 1939 年 12 月发表的《中国革命和中国共产党》一文中指出："中国革命的终极的前途，不是资本主义的，而是社会主义和共产主义的。"毛泽东还指出："完成中国资产阶级民主主义的革命（新民主主义的革命），并准备在一切必要条件具备的

时候把它转变到社会主义革命的阶段上去，这就是中国共产党光荣的伟大的全部革命任务。""中国共产党则从自己建党的一天起，就把这样的两重任务放在自己的双肩之上了，而且已经为此而艰苦奋斗了整整十八年。"毛泽东在《论联合政府》一文中更加明确地指出："我们共产党人从来不隐瞒自己的政治主张。我们的将来纲领或最高纲领，是要将中国推进到社会主义社会和共产主义社会去的，这是确定的和毫无疑义的。"毛泽东这些精辟独到的论述，充分表明中国共产党就是要在中国搞社会主义，这是没有必要回避的事实。1945 年 6 月 11 日，中共七大通过的党章中明确规定："在中国民族革命与民主革命得到彻底胜利后，中国共产党的任务是：根据中国社会经济发展的需要与中国人民的意愿，经过必要步骤，为在中国实现社会主义与共产主义的制度而奋斗。"在中国革命即将夺取最终胜利的前夕，中共召开了具有历史意义的七届二中全会。毛泽东在大会报告中指出："在革命胜利以后，迅速地恢复和发展生产，对付国外的帝国主义，使中国稳步地由农业国转变为工业国，把中国建成为一个伟大的社会主义国家。"在 1949 年 9 月 29 日中国人民政治协商会议第一届全体会议通过的《中国人民政治协商会议共同纲领》规定："中华人民共和国为新民主主义即人民民主主义的国家，实行工人阶级领导的、以工农联盟为基础的、团结各民主阶级和国内各民族的人民民主专政，反对帝国主义、封建主义和官僚资本主义，为中国的独立、民主、和平、统一和富强而奋斗。"

中国共产党自成立那天起，就开始为实现社会主义、共产主义而奋斗不已。在国民革命时期，中国共产党在全国各地积极开展工农运动，实现工人、农民翻身得解放，追求人民群众当家作主的社会主义。在土地革命时期，在农村革命根据地内开展打土豪、分田地的土地革命，成立工农兵苏维埃政府。1931 年 11 月，在中央根据地内的江西省瑞金召开了中华苏维埃第一次全国工农兵代表大会，成立了中华苏

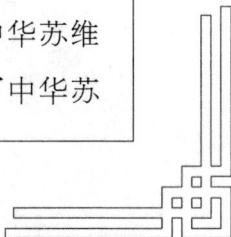

维埃共和国临时中央政府，毛泽东当选为主席。中华苏维埃共和国是走社会主义道路的早期实践。在抗日战争时期，在抗日民主根据地，建立抗日民主政权，实行"三三制"，调动人民群众的积极性，为建立社会主义制度积蓄力量。在解放战争时期，在解放区内，实行新民主主义的政治、经济、文化制度，为夺取新民主主义革命在全国的胜利而奋斗。新中国成立后，中国共产党领导中国人民向社会主义迈进。在过渡时期总路线的指导下，进行了社会主义改造——通过对个体农业、个体手工业、资本主义工商业的改造，实现了生产资料私有制向公有制的转变，社会主义公有制成为我国社会的经济基础。

第三，中国人民的呼唤。

中国人民酷爱自由，追求幸福。中国共产党正是代表中国广大人民群众根本利益的党，中国共产党在其第一个纲领中明确规定："本党承认苏维埃管理制度，把工农劳动者和士兵组织起来，并承认党的根本政治目的是实行社会革命。"这一规定表明，中国共产党从诞生那天起，就着眼于人民群众，联系人民群众，将人民群众的利益置于党的利益之上。因此，党的呼唤成为人民群众的心声；党的行动，成为人民群众的向导。这是社会主义能够在中国建成并繁荣昌盛的根本。

中国共产党诞生时的中国人民处于"国际帝国主义宰割"和"军阀官僚的封建制度把持"之下，受苦受难，热切希望跳出苦海，过上幸福生活。在这种社会环境下，社会主义就成了照亮人们心头的一盏明灯，人人向往，个个追求。社会主义以谋取群众利益为目的，是一种人民群众当家作主的崭新制度，是被俄国十月革命后建立起来的苏维埃所证明正确的制度。所以，选择社会主义道路必然得到广大被压迫人民的支持和拥护。中国共产党在中国搞社会主义的号召唤起了民众，广大人民群众支持中国共产党在中国搞社会主义。正是这种良性的互动，社会主义也就自然而然地出现在中国。在中国革命的各个时期，中国共产党实行

各种政策以解决农民的问题，得到了农民的拥护与支持，广大农民的革命热情更加被调动起来，形成了浩浩荡荡的革命大军，最终取得了革命的胜利。从工人阶级这个群体来看，他们更加向往支持社会主义。他们是最革命的阶级阶层，能够充当中国革命的先锋队，并成为领导阶级。所以，工人阶级最希望建立自己当家作主的社会主义政权，走社会主义道路。在新民主义革命期间和新中国成立以后，小资产阶级和民族资产阶级都属于人民的范畴。他们力量弱小，不能左右中国的大局。从某种意义上讲，愿意接受社会主义改造，同中国人民一起坚定地或比较坚定地走社会主义道路。总之，在各阶级各阶层人民的呼唤支持下，中国选择了社会主义道路。

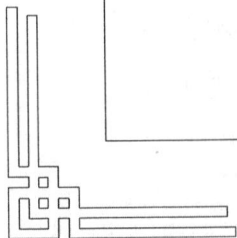

二、传统社会主义本质的认识
——特征论

（一）马克思、恩格斯的科学预测

马克思、恩格斯对社会主义的科学预测就是科学社会主义。科学社会主义有其特定的内涵。它是关于无产阶级解放斗争发展规律的科学，即关于无产阶级所进行的斗争的性质、条件以及由此产生的一般目的的科学。无产阶级

所进行的斗争的性质，就是要使自己从资本主义奴役下解放出来，彻底埋葬雇佣劳动制度；无产阶级所进行的斗争的条件，就是要使自己获得彻底解放，必须消灭阶级剥削、阶级压迫和阶级差别，消灭产生阶级的生产资料私有制；无产阶级所进行的斗争的最终目的，就是在全世界实现共产主义，解放全人类。

我们知道，在马克思、恩格斯登上历史舞台之前，西方国家就已流行了种种的社会主义思潮和派别，马克思、恩格斯为了与这些思潮和派别划清界限，打出的是"共产主义"的旗帜。标志着马克思主义正式问世的纲领性宣言——《共产党宣言》就是以共产主义为宗旨的。共产主义在马克思、恩格斯的著作中，大致有三种含义：一是作为运动的实践。马克思、恩格斯指出："共产主义对我们来说不是应当确立的状况，不是现实应当与之相适应的理想。我们所称为共产主义的是那种消灭现存状况的现实的运动。这个运动的条件是由现有的基本原理前提产生的。"二是作为思想的理论。恩格斯说："共产主义是关于无产阶级解放的条件的学说。"三是作为未来的社会形态。共产主义是马克思、恩格斯设想的消灭资本主义私有制之后的社会历史形态，包括初级阶段、高级阶段。

从 1864 年起，马克思、恩格斯在著作中开始使用"科学社会主义"、"现代社会主义"等术语来称自己的学说，这不是马克思、恩格斯抛弃了"共产主义"，而是改变了斗争的策略，使工人阶级中各种社会主义派别更好地统一起来。所以，我们在阅读马克思、恩格斯著作时，应该明白"科学社会主义"、"现代社会主义"、"共产主义"是同一个意思。恩格斯指出："为了使社会主义变为科学，就必须首先把它置于现实的基础之上。"所谓"现实的基础"，我们理解有以下几层含义。

首先，生产力的发展条件。社会主义理论必须反映生产力的发展，建立在生产力这一社会历史领域的"物质"基础之上。马克思说："空想社会主义者在无产阶级尚未发展到足以

确立为一个阶级，因而无产阶级同资产阶级的斗争尚未带政治性以前，在生产力在资产阶级本身的怀抱里尚未发展到足以使人看到解放无产阶级和建立新社会必备的物质条件以前，这些理论家不过是一些空想主义者。"

其次，社会主义理论是为无产阶级求解放的学说，因而它必须反映无产阶级反对资产阶级的阶级斗争，最终通过无产阶级专政和生产力的发展，消灭阶级斗争和阶级。正如恩格斯指出的："因此，社会主义现在已经不再被看作某个天才头脑的偶然发现，而被看作两个历史地产生的阶级即无产阶级和资产阶级之间斗争的必然产物。它的任务不再是构想出一个尽可能完善的社会体系，而是研究必然产生这两个阶级及其相互斗争的那种历史的经济的过程；并在由此造成的经济状况中找出解决冲突的手段。可是，以往的社会主义同这种唯物主义的观点是不相容的。"

最后，科学社会主义学说的研究对象、理论框架和社会主义学说变成了科学，顺理成章的问题是：这门科学的对象是什么？这门科学的理论框架是什么？马克思、恩格斯为这门科学提出了哪些基本的原理？我们认为，可以简要地把这门科学的对象看作是关于无产阶级及其被压迫民族解放的科学。在马克思、恩格斯的著作中，这门科学对象的建立大体上可分作两个问题来考察：第一是关于无产阶级解放的问题。1892年，恩格斯在其所著的《英国工人阶级状况》德文第2版的序言中说："共产主义不是一种单纯的工人阶级的党派性学说，而是一种最终目的在于把连同资本家在内的整个社会从现存关系的狭小范围中解放出来的理论。这在抽象的意义上是正确的，然而在实践中在大多数情况下不仅是无益的，甚至还要更坏。只要资产阶级不但自己不感到有任何解放的需要，而且全力反对工人阶级的自我解放，工人阶级就应当单独地准备和实现社会革命。"研究工人阶级，也即无产阶级的解放，这是马克思、恩格斯全部理论著作中一个永恒的主题。这个主题涉及的问题十分丰富，包括工人

阶级解放的条件、性质、目标、战略、策略、政党等。然而，这些问题都是围绕一个中心而展开，这就是：革命。革命，在马克思、恩格斯的著作中所占的地位最突出。关于革命，马克思有许多名言警句。如"革命是历史的火车头""革命是劳动者的盛大节日"等。因为马克思本身就是一个革命家，这些名言警句也是他自身革命经验的总结。无产阶级反对资产阶级的革命，也即无产阶级反对资产阶级的阶级斗争，这是马克思、恩格斯所创立的科学社会主义理论的重要一章。第二是关于被压迫民族的解放问题，这也是马克思、恩格斯经常关注的一个焦点。他们有句名言："任何民族当它还在压迫别的民族时，不能成为自由的民族。"马克思认为，被压迫民族的解放与无产阶级的解放有着密切的联系。他在分析波兰的革命时说："应该在英国解放波兰，而不是在波兰解放波兰。""英国是一个无产阶级和资产阶级之间对立最为尖锐的国家。因此，英国无产阶级对英国资产阶级的胜利对一切被压迫者战胜他们的压迫者具有决定意义。"但是，由于马克思一直没有看到所希望的西欧无产阶级革命的发生，因而他在晚年特别寄希望于被压迫民族的革命特别是俄国的革命以推动西欧无产阶级革命的发生。例如，马克思说："这一次，革命将从一向是反革命安然无恙的堡垒和后备军的东方开始。"1880年1月，恩格斯也说："俄国革命可能会在今年爆发并且将使整个欧洲的面貌立即改变。"无产阶级解放和被压迫民族的解放问题，可以名之曰"社会主义革命论"，它是马克思、恩格斯创立的科学社会主义理论的上篇，需要系统地加以研究。这里所说的"社会主义革命论"，也就是指无产阶级和被压迫民族取得革命政权的道路问题。

社会主义革命怎么"革"？换言之，怎样才能取得政权？马克思、恩格斯没有也不可能提出一个具体的方案。不过，他们总结历史经验并根据他们生活的时代的变化所提出的以"暴力革命"为主，但不放弃"议会选举"的战略和策略值得重视。暴力革命，也就是武装

夺取政权的道路。无产阶级之所以要走暴力革命的道路，这是因为，根据历史的经验，没有任何一个统治阶级会心甘情愿地"和平"交出政权，退出历史舞台。因此，无产阶级要取得政权，必须通过阶级斗争、暴力革命乃至战争。"议会选举"，也就是在资产阶级统治的内部，争得民主，参与政权，在无产阶级逐渐强大的条件下，"和平赎买"资产阶级，有可能取得政权。这条道路能否实现，迄今并无证明。马克思、恩格斯对"议会选举"的认识也有一个变化的过程，值得加以梳理。总之，无论是暴力革命还是议会选举，马克思、恩格斯都把它们视为无产阶级和被压迫民族的解放手段，都是社会主义革命论的不同形式，都是为无产阶级和被压迫民族夺取政权服务的。

如果说社会主义革命论是马克思、恩格斯科学社会主义理论的上篇，那么，社会主义建设论则是其科学社会主义理论的下篇。在马克思、恩格斯的著作中，尽管没有出现过"社会主义建设"这样的字眼，但他们所提出的建设社会主义的方法论以及一系列建设新社会的思想还是十分丰富的。《共产党宣言》和《哥达纲领批判》中都有清晰的阐释。

《共产党宣言》中对于代替资本主义社会后的未来社会的设想就是无产阶级夺取政权成为统治阶级后，废除资产阶级的私有制。马克思、恩格斯说："共产党人的最近目的是和其他一切无产阶级政党的最近目的一样的：使无产阶级成为阶级，推翻资产阶级的统治，由无产阶级夺取政权。""共产主义的特征并不是要废除一般的所有制，而是要废除资产阶级的所有制。从这个意义上说，共产党人可以用一句话把自己的理论概括起来：消灭私有制。""共产主义革命就是同传统的所有制关系实行最彻底的决裂；毫不奇怪，它在自己的发展进程中要同传统的观念实行最彻底的决裂。"1875 年，马克思在《哥达纲领批判》中，第一次明确提出在无产阶级夺取政权后社会发展要经过两个发展阶段，即共产主义第一阶段和共产主义高级阶段的构想。马克思说："我们这里所说的

是这样的共产主义社会，它不是在它自身基础上已经发展了的，恰好相反，是刚刚从资本主义社会中产生出来的，因此它在各方面，在经济、道德和精神方面都还带着它脱胎出来的那个旧社会的痕迹。"要避免所有这些弊病，权利就不应当是平等的，而应当是不平等的。但是这些弊病，在经过长久阵痛刚刚从资本主义社会产生出来的共产主义社会第一阶段，是不可避免的。权利决不能超出社会的经济结构以及由经济结构制约的社会的文化发展。在共产主义社会高级阶段，在迫使个人奴隶般地服从分工的情形已经消失，从而脑力劳动和体力劳动的对立也随之消失之后；在劳动已经不仅仅是谋生的手段，而且本身成了生活的第一需要之后；在随着个人的全面发展，他们的生产力也增长起来，而集体财富的一切源泉都充分涌流之后，——只有在那个时候，才能完全超出资产阶级权利的狭隘眼界，社会才能在自己的旗帜上写上：各尽所能，按需分配。"

我们之所以不厌其烦地引用《共产党宣

言》和《哥达纲领批判》的论述，是因为这两部著作代表马克思、恩格斯成熟的思想，这些思想反映了马克思主义创始人所设想的共产主义社会的发展阶段、所有制、经济和分配政策以及其他具体措施，尽管他们没有使用"共产主义社会建设"的字眼，但这些意见又的确是建设性的。而且，这些思想对于我们过去建设社会主义影响很大。从列宁、斯大林到毛泽东，他们在领导社会主义革命和建设中虽然取得了很大成绩，但他们所犯的错误，多多少少又与上述的这些设想误解或照搬有关，乃至在一定程度上犯了混淆马克思、恩格斯设想的"后资本主义"社会的共产主义与现实的落后国家搞社会主义在时空上、历史条件上的超阶段的历史性错误。这个错误我们以后还会进一步加以分析。

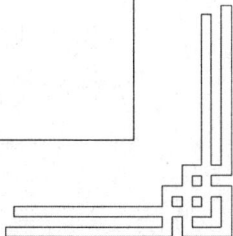

（二）列宁的阐释

列宁是在实践中理解了科学社会主义本质的第一人。针对第二国际的"马克思主义理论家"们所坚持的"俄国生产力还没有发展到可以实行社会主义的高度"而否定革命的论调，列宁反问道："面对第一次帝国主义大战所造成的那种革命形势的人民，在毫无出路的处境逼迫下，难道他们就不能奋起斗争，以求至少获得某种机会为自己争得进一步发展文明的并不十分寻常的条件吗？"无产阶级国家建立后，列宁很快意识到，要获得最终胜利，即完全组织起社会主义社会，还有相当大的困难，还要经历相当长的时间，这其间，经济建设是最重要、最困难而且是远远没有完成的事业。在认识到战时共产主义政策的局限性之后，列宁很快转到新经济政策上来。今天看来，列宁新经济政策的实质就是要利用资本主义的一切文明成果发展商品生产，利用市场经济促进生产力发展，为社会主义建立起强大的经济基础。

十月革命胜利后，列宁及时提出要把工作重心从"夺取俄国"转移到"管理俄国"上来，转移到完成经济建设方面的任务上来。列宁认为，革命取得胜利后形势发生了变化，赤卫队式的军事斗争就不能再居于首要地位，首要的任务是管理工作，工作重心应由进行政治斗争和军事斗争转移到管理经济、发展生产、不断提高劳动生产率上来。列宁还提出了一系列具体措施，如学习和利用资本主义，加强国家干预经济和引导经济的力量，借鉴泰罗制，发挥从旧社会过来的技术专家和生产管理人员的作用等。国内战争结束后，苏维埃俄国真正进入了和平的社会主义建设的新时期，列宁再一次提出了工作重心的转移问题。列宁指出，苏维埃政权已经获得了军事上的胜利，得到了和平，因此，经济任务现在又作为最主要的、最基本的任务提出来了。同时，列宁提出了

"共产主义就是苏维埃政权加全国电气化"的著名公式。随着苏维埃国家工作重心向经济建设的转移，经济和政治的关系也随之凸显出来，正确处理好二者之间的关系，就成为一个十分重要的问题。列宁认为，"现在我们主要的政治应当是：从事国家的经济建设"。

随后，通过对新经济政策实践经验的总结，列宁再一次提出了工作重心的问题。列宁说："从前我们是把重心放在而且也应该放在政治斗争、革命、夺取政权等方面，而现在重心改变了，转到和平的'文化'组织工作上去了。"列宁把文化建设看作是社会主义的一个"划时代的主要任务"，指出只要实现了这样一场"文化革命"，苏维埃俄国就能成为完全社会主义的国家。显然，列宁此时所提的工作重心与前几次是有一定差别的。这里的文化，列宁又把它分为"纯粹文化方面"和"物质方面"，也就是说，它既包括文化建设又包括经济建设。

列宁曾指出，"大农业国和小农业国向社

会主义过渡的办法，是不可能一模一样的”。他认为，在单独一个国家内，尤其是在像俄国这样的经济文化落后的小农业国家里，不可能直接实现向社会主义的过渡，认为在无产阶级掌握国家政权并由此掌握国民经济命脉的前提下，通过合作社就可以在俄国一国实现向社会主义的过渡，并在建设中用工业化不断带动农业化的发展。

列宁认为，世界革命将由俄国革命带头完成，但是俄国是经济文化落后的国家，在一个小农经济占优势的国家里建设社会主义，关键在于找到社会主义经济与小农经济的结合点。列宁认为，商业是唯一的结合点。他还指出："同资产阶级斗争的新的更高形式便提到日程上来了，要由继续剥夺资本家这个极简单的任务转到一个更复杂和更困难得多的任务，就是要造成使资产阶级既不能存在也不能再产生的条件。"这个条件就是要大力发展生产力，提高劳动生产率。列宁提出"堡垒是最容易从内部攻破的"，因此，要高度重视执政党的自身

建设，这是巩固共产党执政地位的根本保证。

　　列宁晚年在总结十月革命胜利以来社会主义的建设经验时，尤其是在病中口授的五篇文章中，明确提出了"文化革命"的思想，并把它作为社会主义建设的总纲领，这是列宁探索社会主义建设道路的最终落脚点。列宁晚年所提出的文化建设内容丰富且意义深远，可分为三个层次理解：一是狭义的文化建设。列宁认为："不扫除文盲，不教人识字，那么谈新经济政策是可笑的。"列宁关于文化建设的重要思想主要包括：第一，为了建成社会主义，必须加强文化建设；第二，在农民中进行文化工作，有利于合作社的建设；第三，通过文化建设提高机关工作者的文化素质，有利于改善党和国家机关的工作。二是广义的文化建设。列宁晚年侧重从文化传统、民族心理习惯层面剖析十月革命后俄国共产党执政所面临的文化困扰、文化制约现象，目的在于引起全党的重视。三是列宁晚年特指的文化。列宁晚年特别给予关注的文化革命或文化建设的文化概念是广义的，既包括物质文化，也包括精神文化。文化革命就是把一个不够文明的国家变成一个文明的国家，这其中既包括文化建设，也包括政治建设和经济建设。列宁晚年对文化建设和文化革命给予高度评价，他说："只要实现了这个文化革命，我们的国家就能成为完全社会主义的国家了。"

由于列宁英年早逝，他对社会主义本质的更深刻认识可以说刚开了头就煞了尾，人们对社会主义的形而上学理解难以避免地发生了。苏联社会主义模式的形成有着极其复杂的历史背景，其实质就是从马克思主义经典作家所描述的根本区别于资本主义的社会主义的基本特征出发，从改造生产关系入手，建立起纯之又纯的公有制、高度集中的计划经济体制和高度集权的政治体制。毛泽东对社会主义的理解仍然主要停留在生产关系层面，"跑步跨入共产主义"违背生产力发展的客观规律，所依靠的主要是主观政治热情。传统的对社会主义的僵化理解对社会主义事业造成的损失是巨大的，

但是，这对后人来说又是一笔宝贵的财富，正是在全面反思几十年社会主义建设经验和教训的基础上，邓小平提出了关于社会主义本质的科学论断。

（三）新中国的探索

毛泽东是探索中国社会主义道路的先驱者，他立足于中国国情，对社会主义本质进行了艰难的探索。通过具体实践，毛泽东对社会主义本质的认识逐渐深化，使我国在社会主义建设初期能够走上正确的发展道路。毛泽东在社会主义本质的探索过程中，既有宝贵历史经验又有深刻教训，这都是我党在今后的社会主义本质认识中的宝贵精神财富。

矛盾学说是毛泽东对社会主义本质认识的理论起点。新中国成立至社会主义改造完成的这段时间，毛泽东对中国发展道路进行了探索，提出了社会主义基本矛盾学说，可以看作是毛泽东对社会主义本质认识的出发点。毛泽东指出："在社会主义社会中，基本的矛盾指的是生产力与生产关系两者之间的矛盾，经济基础与上层建筑两者之间的矛盾。"这为探索社会主义道路和认识社会主义本质等方面奠定了坚实的基础。

解放和发展生产力是毛泽东认识社会主义本质的核心。面对社会主义矛盾的基本状况，发展生产力是十分必要的。毛泽东指出，为了很好地解决社会主义基本矛盾，只有大力发展社会主义生产力。发展生产力是社会主义建设的重中之重，发展生产力在社会主义基本矛盾中占主导地位，生产力如果不发展，我们的社会主义政权就不能稳定，就不能获得丰富的且足够的物质基础，就不能形成社会主义的政治制度和经济制度，也就不能建成真正意义上的社会主义社会。

毛泽东认为"为广大人民群众服务是掌握科学技术的目的"，他调整和改革上层建筑和

生产关系、大力发展经济、高度重视科学技术的作用，使得社会主义制度从而能够快速发展，使物质资料极大丰富，人民群众的生活水平大幅提高。毛泽东还指出，生产力发展的标志是工业化。为了实现现代化和工业化，社会主义应该解放生产力，然后发展生产力。社会主义社会的本质特征表现为社会主义与大工业紧密相连，社会主义的本质就是社会主义基本制度加工业化。如果没有工业化，社会主义的意义就不算完整。毛泽东关于解放和发展生产力的论述是毛泽东认识社会主义本质的核心，对以后的中国共产党人产生了深刻影响，而这一论断经过社会主义实践的检验，其正确性、真理性也已得到证明，对今后社会主义的建设有重要指导意义。

毛泽东虽然提出了社会主义基本矛盾学说和社会主义的建设要解放生产力、发展生产力，但他并没能找出一条符合中国国情具有中国特色的社会主义发展之路。可以说，毛泽东对"什么是社会主义，怎样建设社会主义"这个根本问题有着深刻的认识，而且在今后的实践当中，由于对这个问题的深刻认识，使得中国以后的社会主义建设顺利进行。毛泽东对社会主义的认识是比较全面的，而且毛泽东从探寻本质的角度来认识社会主义，对社会主义也自然形成了本质性的认识。毛泽东经过实践得出了理论，并且进行了深入的研究，因此全面概括出了社会主义的一些本质属性，他的一些重要论断为今后的共产党人的理论探索打下了基础。他提出的解放生产力、发展生产力、提高生产力的思想，变革生产关系的思想，没有完成工业化的社会主义就算不上完全意义的社会主义的思想，消除两极分化、实现共同富裕的思想等，以及社会主义社会的矛盾学说、正确处理人民内部矛盾的理论，都是社会主义本质性的理论。而这些理论为邓小平社会主义本质理论的产生做了铺垫，为邓小平探索并提出社会主义本质论提供了基础性的内容。

对于后来的中国共产党人，尤其是以邓小

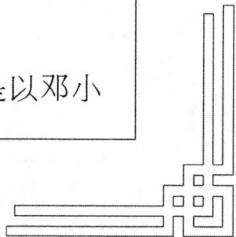

平为核心的第二代领导集体来说，毛泽东对社会主义本质的论述使得他们对社会主义的本质进行了深入地认识，是邓小平提出社会主义本质理论的直接理论源头。

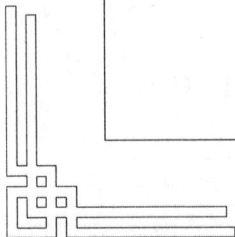

三、什么是社会主义
——社会主义本质的新认识

(一) 对"什么不是社会主义"的思考

第一,"贫穷不是社会主义"。

马克思主义关于"贫穷不是社会主义"的思想一直贯穿于社会主义社会的论述中,这主要表现在:首先,在对资本主义的态度上,马克思始终认为社会主义社会的建立必须以高度

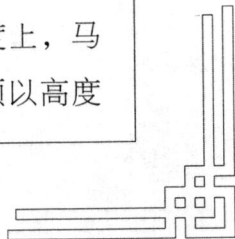

发达的资本主义生产力为物质前提。早在《德意志意识形态》一书中，马克思、恩格斯就指出，实现共产主义必须以"生产力的巨大增长和高度发展为前提"，"如果没有这种发展，那就只会有贫穷的普遍化；而在极端贫困的情况下，就必须重新开始争取必需品的斗争，也就是说，全部陈腐的东西又要死灰复燃"。以后他又在《共产主义原理》、《共产党宣言》等著作中进一步指出，资本主义大工业的发展为新社会的建立创造了物质前提。其次，在对未来社会主义社会的设想上，马克思始终没有放弃生产力与人的富裕这一点。他通过批判"粗陋的共产主义"即空想共产主义的缺陷来阐明科学社会主义的合理性，他认为粗陋的共产主义对待私有财产的态度实际上是"对整个文化和文明的世界的抽象否定，向贫穷的、没有需求的人——他不仅没有超越私有财产的水平，甚至从来没有达到私有财产的水平——的非自然的单纯的倒退"。马克思这里说的"贫穷的、没有需求的人"恰恰是空想共产主义的一个致命弱点，甚至比维护私有财产制度的人还要倒退。马克思设想的社会主义社会是为所有的人创造生活条件，以便每个人都能自由地发展人的本性。马克思认为，在社会主义社会里，"生产将以所有人的富裕为目的"，真正的财富是由所有个人的发达的生产力所构成。马克思已经很明确地指出了社会主义社会生产的目的将是以"所有的人的富裕为目的"。再次，在工人阶级解放问题上，马克思在许多文章中都将工人阶级解放与走向富裕联系在一起，在《德意志意识形态》中就提到"当人们还不能使自己的吃喝住穿在质和量方面得到充分供应的时候，人们就根本不能获得解放"。马克思认为在资本主义制度下，无产阶级与富有是两个对立面，文明的一切进步，社会生产力的任何增长，都不会使工人致富，而只会使资本致富。因此，无产阶级基于自身的这种"不可避免的、无法掩饰的、绝对不可抗拒的贫困"的逼迫，不得不起来愤怒地反对这种违反人性的社会现象，所以，无产阶级"如果不消灭它本

身的生活条件，它就不能解放自己"。在此，马克思阐明了无产阶级解放的条件就是消灭自身的贫困，消灭导致自身贫困的社会制度，建立新的社会制度，这说明"贫穷不是社会主义"本来就是社会主义理想的基本内涵。最后，在东方社会走向社会主义问题上，马克思、恩格斯向来反对"穷过渡"，他们认为西欧发达国家建立社会主义制度后，通过西方的积极支持——这是必不可少的条件——俄国那样一些刚刚踏上资本主义道路的国家有可能利用土地公社所有制来大大缩短向社会主义发展的进程。过去人们过多地强调落后国家向社会主义过渡的可能性及必然性，省略了马克思、恩格斯从未放弃过的前提——在西方发达国家取得社会主义胜利并积极提供帮助的条件下。实际上，马克思、恩格斯对待落后的东方社会走向社会主义这一问题是极为慎重的。马克思在给维·伊·查苏利奇的信中就明确强调"与控制着世界市场的西方生产同时存在使俄国可以不通过资本主义制度的卡夫丁峡谷而把资本主义制度的一切肯定的成就用到公社中来"。
这里的卡夫丁峡谷，意即资本主义社会发展过
程中给社会带来的灾难。恩格斯晚年对这一问
题作了更为深入的论述，更加强调俄国独立地
从农业公社直接发展为社会主义这种"穷过
渡"是不可能的。他在致尼·弗·丹尼尔逊及
《〈论俄国的社会问题〉跋》中都分别进行了论
证。他认为出现商品生产以前的氏族公社同未
来的社会主义社会只有一个共同特点，就是生
产资料由一定的集团公共占有，"但是单单这
一个共同特性并不会使较低的社会形态能够从
自己本身产生出未来的社会主义社会"。只有
资本主义经济达到繁荣昌盛的国家建立起社会
主义制度，把现代的生产力作为社会财产来为
整个社会服务的时候，落后国家才有可能走上
这种缩短发展过程的道路。恩格斯强调说，如
果没有更高社会形态的样板作用，俄国公社只
能向资本主义发展。可见，马克思、恩格斯对
于不具备条件的穷过渡是持否定态度的，也说
明了社会主义的本质特征是不可能脱离高度发

达的生产力这一点的。

邓小平以一个伟大的改革家的睿智，对改革开放前中国几十年社会主义建设的历史教训进行了深刻的反思，洞察了社会发展的本质问题，把长期以来被人们忽视的马克思的生产力标准与人的富裕问题提到了国家政治生活的高度。邓小平关于"贫穷不是社会主义"的思想丰富、深化和发展了马克思关于"在高度发达的生产力基础上建设社会主义"的思想。这表现在：首先，邓小平明确界定了社会主义的本质。邓小平提出了"什么是社会主义"的问题，这一问题正是揭示社会主义本质的切入点。他指出："社会主义的特点不是穷，而是富。""社会主义的本质，是解放生产力，发展生产力，消灭剥削，消除两极分化，最终达到共同富裕。"在落后国家里建设社会主义，面临的首要的、艰巨的问题就是消灭贫穷，我国的社会主义建设的根本任务就是要大力发展生产力，创造出比资本主义更高的劳动生产率，不断地满足人民群众日益增长的物质文化生活的需要。社会主义要取得对资本主义的比较优势就必须做到这一点。其次，邓小平取得了引导人民致富的三大理论突破。如果说邓小平所界定的社会主义的本质问题可以从马克思那里找到来源的话，那么，邓小平对传统的社会主义生产关系的三大理论突破，则是对马克思主义的创新。这三大理论突破就是：破除了社会主义必须实行单一的全民所有制；破除了社会主义在分配方式上必须实行单一的按劳分配；破除了社会主义只能是计划经济。而这一传统的社会主义的三大特征自社会主义诞生以来，一直成为对社会主义的最权威的界定。社会主义的本质就是"解放生产力，发展生产力，消灭剥削，消除两极分化，最终达到共同富裕"，这一社会主义的本质表现为经济层和价值层。经济层是指"解放生产力，发展生产力。"价值层分为这样两个层次：第一个层次是"消除两极分化"，第二个层次是"消灭剥削，共同富裕"。根据我国社会主义初级阶段的国情，这两个层次在实践中实现的顺序不同，但都始

终贯穿着"解放生产力，发展生产力"这一社会主义本质的经济层面，从这一点来看，所有制形式、分配方式以及经济形式都必须为这一本质服务，反作用于这一本质，这充分体现了马克思的生产力与生产关系之间的辩证关系原理。邓小平根据社会主义初级阶段的具体国情，创造性地提出了社会主义只能实行以公有制为主体、多种经济形式并存的所有制结构和以按劳分配为主体、多种分配方式并存的分配方式，主张社会主义也要搞市场经济。他说："计划经济不等于社会主义，资本主义也有计划；市场经济不等于资本主义，社会主义也有市场。计划和市场都是经济手段。"这样一来，传统的姓社姓资的衡量标准就让位于"三个有利于"这一体现社会主义本质的衡量标准，这就把以往有利于发展生产力却被贴上非社会主义标签的东西释放出来，为社会主义经济建设服务，为社会主义生产力的发展和人民生活水平的提高开辟了广阔的途径。这是邓小平解放思想，实事求是，在坚持和发展马克思主义的社会主义理论方面所作出的重大贡献。正是邓小平对社会主义本质的概括以及这三大理论突破使得全国人民迈向了全面建设小康社会的道路。

第二，"发展太慢也不是社会主义"。

"贫穷不是社会主义，发展太慢也不是社会主义"是邓小平整体社会主义观中的一个重要观点。改革开放以来，在邓小平这个重要观点的引领下，中国经济得以持续快速增长，创造了世界经济发展史上的奇迹。现在，中国经济社会已经进入矛盾凸显期，经济建设和社会发展长期积累的矛盾和新产生的问题，正在困扰着我们。经济持续快速发展究竟给中国带来了什么？在新的战略机遇期，我们还要不要持续快速地发展？怎样做到又好又快地发展？这一切都要求我们结合改革发展的新实践、新问题，不断深化对邓小平"发展太慢也不是社会主义"论断的认识，在理论和实践上进一步弄清楚并解决好发展速度与社会主义的关系。把经济增长速度与社会主义制度的巩固和发展联

系起来，并将之视为社会主义的要素之一，是邓小平在社会主义理论上的一种创新。

"发展太慢也不是社会主义"，是邓小平在领导中国社会主义改革开放和现代化建设的伟大实践中，深入研究社会主义建设和发展的实际情况，总结新鲜经验提出的一个科学论断，是对科学社会主义理论的丰富和发展。"文化大革命"结束后，当我们被迫重新审视中国社会主义发展问题时，经济落后、发展太慢，成为我们前进道路上的最大障碍。不是社会主义本身不能发展生产，而是我们对"什么是社会主义，怎样建设社会主义"在认识上产生了偏差。当错误地把解决人的思想问题凌驾于解决经济发展问题之上的时候，"宁要穷的社会主义"的论调似乎也就不再荒谬了。邓小平的伟大之处就在于，在整个社会还处于思想困惑状态的时候，他发出了贫穷也可以葬送社会主义的警告。1978 年 9 月，他在东北视察时指出："我们太穷了，老实说我们对不起我们的人民。我们的人民太好了。外国人议论中国人究竟能够忍耐多久，我们要注意这个话。我们要想一想，我们给人民究竟做了多少事情呢？"就是在这次谈话中，邓小平第一次把经济发展速度与社会主义的本质联系起来。他说："社会主义制度优越性的根本表现，就是能够允许社会生产力以旧社会所没有的速度迅速发展，使人民不断增长的物质文化生活需要能够逐步得到满足。按照历史唯物主义的观点来讲，正确的政治领导的成果，归根到底要表现在社会生产力的发展上、人民物质文化生活的改善上。生产力发展的速度比资本主义慢，那就没有优越性，这是最大的政治，这是社会主义和资本主义谁战胜谁的问题。"邓小平的这段话并非一时的有感而发，而是经过十年"文化大革命"长期思考得出的一种新认识，是他在历史大转折的前夜第一次对社会主义作出的一种新概括，也是他的社会主义发展观的一次新表述。在对社会主义的认识上，这段经典论述提出了三个后来影响和改变中国的新观点：在当时还没有摒弃以"阶级斗争为纲"错误口号的背景

下，第一次将发展生产力、改善人民的物质文化生活解释为政治问题，并强调这是最大的政治，这个观点的提出，实际上是理论上的一次拨乱反正。它为不久之后召开的党的十一届三中全会确定将党和国家的工作重点转移到经济建设上来提供了理论依据。邓小平的发展观正是以这个观点为支撑点逐步完善的。三中全会过后，邓小平即明确指出，社会主义现代化建设是我们当前最大的政治，因为它代表着人民的最大的利益、最根本的利益。不久，他进一步提出，经济问题是压倒一切的政治问题，不只是当前，恐怕今后长期的工作重点都要放在经济工作上面。以此为基础，邓小平先后提出和阐发了"贫穷不是社会主义"、"社会主义的根本任务是发展生产力"等一系列全新的观点，带领全党紧紧抓住经济建设这个中心不放松，排除一切干扰一心一意搞社会主义改革开放和现代化建设。可以说，邓小平提出的这些新观点是我们建设中国特色社会主义的生命线，是我们国家得以迅速发展的理论根基。

邓小平还第一次将经济增长速度与社会主义制度的优越性联系起来，明确指出：社会主义制度优越性的根本表现，就是能够允许社会生产力以资本主义制度所没有的速度迅速发展。这是社会主义发展理论中的一个新观点，是邓小平对社会主义标准，即怎样才是"够格"的社会主义作出的一种新解释。从这个观点出发，邓小平后来进一步阐发了社会主义初级阶段理论。他说："社会主义的优越性归根到底要体现在它的生产力比资本主义发展得更快一些、更高一些，并且在发展生产力的基础上不断改善人民的物质文化生活。""我们坚持社会主义，要建设对资本主义具有优越性的社会主义，首先必须摆脱贫穷，现在虽说我们也在搞社会主义，但事实上不够格，只有到了下世纪中叶，达到了中等发达国家的水平，才能说真的搞了社会主义，才能理直气壮地说社会主义优于资本主义。"邓小平不仅在理论上对社会主义优越性提出了具体的标准，在实践中也提出过具体要求。1980 年，他在谈到 80 年

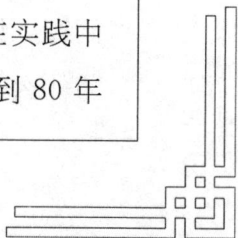

代三件大事时就提出："我们政治上和经济制度上比台湾优越，经济发展上也要比台湾有一定程度的优越，没有这一点不行。"90 年代，他更明确地要求："现在，周边一些国家和地区经济发展比我们快，如果我们不发展或者发展得太慢，老百姓一比较就有问题了，低速度就等于停步，甚至等于后退。"

在发展速度问题上，邓小平认为它是决定社会主义和资本主义谁战胜谁的问题，这又是社会主义发展理论上的一个新论断。社会主义和资本主义将长期共存，社会主义靠什么战胜资本主义？归根到底要靠我们比资本主义发展得快、发展得好。这本来是合乎历史唯物主义的唯一科学解释，并不是什么深奥的理论，但是由于冷战时期两大阵营的激烈对抗以及社会主义阵营内部错综复杂的矛盾斗争，我们在很长一段时间里忽视了经济发展速度问题，片面地将思想领域里的斗争当成了谁战胜谁的主要问题。结果，冷战结束后，我们落在了后面。为什么在改革开放的整个过程中，党内和社会上始终存在着一股对社会主义不信任的情绪？归根到底，原因还是我们在两种社会制度的较量中曾经一度处于下风。所以，邓小平反复强调："坚持我们的社会主义制度，关键就看能不能争得较快的增长速度，实现我们的发展战略。"最终说服不相信社会主义的人要靠我们的发展，如果我们本世纪内达到了小康水平，那就可以使他们清醒一点，到下世纪中叶我们建成中等发达水平的社会主义国家时，就会进一步地说服他们，他们中的大多数人才会真正认识到自己错了。由此，邓小平郑重地提出了"五十年到七十年"这样一个重要的时间概念。他多次指出，"反对资产阶级自由化要搞五十年到七十年"、"一国两制五十年不变"，等等。何以如此呢？因为在他看来，中国特色社会主义必须要经过 50 年到 70 年这样一个持续快速大发展阶段，到那时，社会主义才能够集聚与资本主义相抗衡的经济实力，才能够体现出社会制度上的优越性，相信社会主义的人才会越来越多。

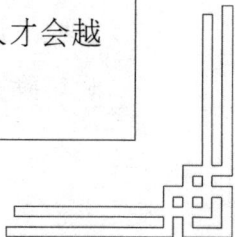

通过对邓小平关于发展速度问题论述的梳理，可以看出邓小平从来就不是就经济建设的具体问题谈发展速度的，他是从社会主义的巩固和发展、社会主义能不能最终战胜资本主义这样的战略高度来论述发展速度问题的。一句话，他是从政治的角度谈速度的，谈的是大道理，这一点，他自己说得非常明白。1984年，他在与中外经济学家谈中国的发展战略和经济政策时说："在经济问题上，我是个外行，也讲了一些话，都是从政治角度讲的，比如说，中国的经济开放政策，这是我提出来的，但是如何搞开放，一些细节，一些需要考虑的具体问题，我就懂得不多了。今天谈这个问题，我也是从政治角度来谈。"从政治角度看经济问题、看发展速度问题，是邓小平高人一筹的伟大之处，明确这一点，我们就不会对他提出的"发展太慢也不是社会主义"的论断产生歧义了。有人说，邓小平的这个观点反映出他晚年在经济建设上的急躁情绪，其实不然，邓小平晚年确实非常关注国家的发展速度问题，经常告诫各级领导干部要搞得快一些，要防止经济滑坡，要争取持续快速发展。然而，他是从政治角度、从社会主义中国前途和命运的战略高度来论述这个问题的。作为中国改革开放和现代化建设的总设计师，他有责任经常提醒全党同志时刻牢记这个大道理、把握这个硬道理，一刻也不能放松经济建设。因此，我们也应该从大道理、硬道理的视角来正确理解邓小平的这个科学论断，不能将之庸俗化。邓小平领导开辟的中国特色社会主义道路，是在实践中一步一步试出来的，邓小平对于发展速度与社会主义关系的认识，也是随着实践的发展逐步地深化的。他提出"发展太慢也不是社会主义"的论断，归根到底是以建设中国特色社会主义的实际情况和客观要求为基本依据的，对中国发展机遇的正确判断和把握，是邓小平提出"发展太慢也不是社会主义"论断的根本依据，而"抓住机遇，加快发展"则是这一论断的基本含义。

对中国经济大发展机遇的认识，邓小平独

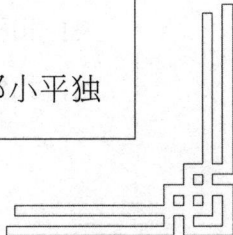

具慧眼，这不仅因为十年的"文化大革命"中他七年赋闲、有机会有条件到基层和群众中去探寻和思考中国问题，更在于他还有 1975 年领导全面整顿、为寻找发展机遇所作的一场卓有成效的试验。所以，他在第三次复出后不久，就大声呼吁把全党的注意力放到经济建设上来，一心一意谋发展。20 世纪 70 年代末，中国人心思定，人民要求搞建设、谋发展，这是当时中国有可能大发展的国内有利条件。不久，邓小平对机遇的认识便很快拓展到世界视野。20 世纪 80 年代初，他从冷战结束后世界格局的变化和经济全球化的发展趋势中看到了和平与发展这一主题的端倪，及时提出了抓住机遇、加快发展的思想。1983 年，他指出："现在的问题是要注意争取时间，该上的要上，大战打不起来，不要怕，不存在什么冒险的问题。以前总是担心打仗，每年总要说一次，现在看，担心得过分了，我看至少十年打不起来！和平与发展成为当今世界的两大主题，因此，我们要利用有利的国际环境，抓住机遇，加快发展自己。"这是邓小平提出"发展太慢也不是社会主义"的客观依据，同时也是这一论断的基本含义。正因为如此，邓小平每到一处，总是不厌其烦地提醒说："要抓住机会，现在就是好机会，我就担心丧失机会不抓呀，看到机会就丢掉了，时间一晃就过去了。"直到1994年90岁高龄时，他还在强调："现在是机会啊，这个机会很难得呀。中国人这种机会有过多次，但是错过了一些，很可惜。你们要很好抓住，你们发展经济，能快则快，不要搞快呀慢呀的争论。"这实际上是他最后一次谈发展问题，可见他对这个问题的牵挂。有人说，邓小平之所以提出"发展太慢也不是社会主义"，是因为他在经济建设上一直持一种老人特有的着急心态，他从来就是主张高速发展的。这种说法显然与事实不符，发展速度与发展目标是密不可分的，到20世纪末实现四个现代化，把我国建成世界现代化强国，曾经是我们经济发展的战略目标。20世纪70年代末，在这个目标的驱动下，我们在经济建设上曾经

发生过一段"洋跃进",造成国民经济的严重失调,而提出调整经济,把不切实际的高指标和高速度降下来,制定实事求是的经济发展战略的正是邓小平、陈云、李先念等人。

20世纪80年代中期起,邓小平开始提出我们可以发展得快一些。经过十二大以后五年的成功实践,1987年党的十三大前夕,邓小平郑重地提出了中国经济发展的第三步战略目标,即到21世纪中叶达到中等发达水平,基本实现现代化。他说:"这是我们的雄心壮志。"正是为了阐明这个目标的重大意义,激励人民实现中华民族的雄心壮志,邓小平进一步提出了"发展太慢也不是社会主义"的论断。"发展太慢也不是社会主义",是对中国特色社会主义实践经验的提炼,也是对中国特色社会主义经济发展提出的要求。"发展太慢也不是社会主义"是邓小平理论中的一个重要观点,是邓小平对社会主义理论的一个新认识,也是他对社会主义经济发展的一个新要求。正确理解和运用好这个科学论断,对促进我们今

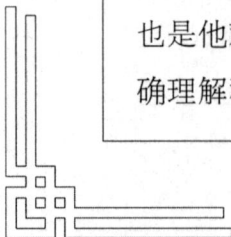

天进一步又好又快地发展，具有十分重要的现实意义。它要求我们，在和平、发展、合作成为时代潮流，世界多极化和经济全球化的趋势深入发展的大环境下，要紧紧抓住战略机遇期的有利条件，将社会主义制度的优势和改革开放政策的威力有效地结合起来，一心一意搞建设，以持续快速的发展确保第三步战略目标如期实现，为中国的社会主义制度在未来更加复杂险恶的国际形势下立于不败之地打下坚实的物质基础，并最终证明社会主义制度的优越性。

第三，"平均主义不是社会主义"。

邓小平在探索"什么是社会主义，怎样建设社会主义"的过程中把平均主义的分配模式和社会主义区别开来。他指出：平均主义不是社会主义。在我国分配体制改革的过程中要逐步打破平均主义的做法，分配关系调整中应该注意处理好公平和效率的关系，也要防止产生两极分化。

从表面上看，平均主义"大锅饭"似乎是

对收入不公现象的一种纠正，其实它只不过是分配不公的一种特殊表现形式。"干多干少，干好干坏一个样"，对于劳动者来讲是没用公平可言的。所以如果不能做到分配领域中的公平，不仅会挫伤劳动者的积极性，而且势必会影响到社会生产效率的提高。针对这一问题，邓小平提出要坚持"效率优先，兼顾公平"的原则。从微观角度来看，在各个单位内部进行分配时要更多地体现"效率原则"，按照各部门成员的贡献大小贯彻多劳多得的原则，即初次分配注重效率。当前在市场经济条件下，政府逐渐退出收入的初次分配领域，重点转向宏观经济政策和国民收入再次分配的领域，在初次分配时主要按照价值规律，保障生产效率。这样做可以适当拉开收入差距，同时也体现了人在生存权面前的平等，真正的公平是以经济效率不断提高为前提的，只有在高效率的条件下，社会才能创造出丰富的物质财富，在总体上满足人们的基本需求。从宏观角度来看，在国家对财政收入进行再分配时，则更多地体现

"公平原则"，在保证全体社会成员满足基本生存需要的基础上，逐步提高和改善生活水平及生活条件。这样政府就能按照公平原则调节再分配，缓解地区、产业和社会阶层之间的分配不公。

效率与公平是一种互相依存、相互促进的辩证关系。只有全社会的高效率，才能创造大量的社会财富，才能实现人民物质生活的共同富裕，才能实现真正的全面的公平。同时只有坚持公平原则，才能坚持社会主义方向。效率与公平对社会主义具有同等重要的意义，二者之中，若忽视任何一方，都会妨碍社会主义本质的真正体现。如果只讲效率，忽视公平，就会导致两极分化。如果只讲公平，忽视效率，就会导致共同贫穷。所以只有坚持两者并重、协调发展的原则，才能大力发展生产力，才能实现共同富裕的目标。

邓小平在反对平均主义的过程中，也从平均主义的对立面出发提出了反对两极分化的思想。要正确认识和理解邓小平反对平均主义的

思想，必须清楚邓小平主张反对平均主义是要适当拉开收入的差距，以实现社会的公平。但是如果这种差距过大，富者愈富、贫者愈贫，则违背了他的本意，所以他在改革开放的过程中一直不忘强调这一问题。他指出："如果导致两极分化，改革就失败了。"因为这样就会超过人们的心理承受能力，不但起不到激励社会发展的作用，反而会增加低收入者对社会的不满，影响社会的稳定。

防止两极分化的原因主要有三。其一，两极分化违背了社会主义的目的。邓小平多次指出："社会主义的目的就是要使全国人民共同富裕，不是两极分化。"又说："社会主义有两个非常重要的方面，一是公有制为主体，二是不搞两极分化。"这也就是说，如果社会主义产生了少数人富裕而大多数人贫穷的现象，则违背了社会主义的目的。其二，两极分化不符合社会主义的本质和特征。邓小平提出，社会主义本质内容之一就是要"消除两极分化"，因此如果在我们的社会中出现了两极分化的现象，就违背了社会主义的本质。邓小平还指出："社会主义与资本主义的不同特点就是共同富裕，不搞两极分化。"这表明，社会主义与资本主义相区别的一个重要特点就是是否会产生两极分化。如果我国出现两极分化就会走向资本主义制度。其三，出现两极分化就意味着改革的失败。邓小平在改革开放的过程中始终十分重视改革的社会主义方向。他说："我们在改革中坚持了两条，一条是公有制经济始终占主体地位，一条是发展经济要走共同富裕的道路，始终避免两极分化。"同时他还告诫，"如果我们的改革导致两极分化，我们就失败了。"

防止两极分化要注意做到以下三点：①坚持公有制和按劳分配的主体地位。所有制问题是任何社会经济制度的根本问题，它决定着国家的社会性质，决定着各阶级各阶层的社会地位，并决定着社会的分配关系。保证公有制的主体地位，就从根本上保障了劳动者的主人翁地位，保障了生产资料、社会财富的大部分归

社会主义国家所有，归劳动人民集体所有，而不是归少数人所有。1985 年 8 月，邓小平曾经指出："社会主义有两个非常重要的方面，一是公有制为主体，二是不搞两极分化。"同时指出："我们的改革，坚持公有制为主体，又注意不导致两极分化。"在他看来，公有制的主体地位是防止两极分化的有力保障，坚持按劳分配为主体的分配方式也保障了社会财富的绝大部分用于满足广大人民的物质文化需要。他指出：坚持社会主义、实行按劳分配的原则，就不会产生贫富过大的差距。再过二十年、三十年，我国生产力发展起来，也不会两极分化。②加快个人收入分配的调整机制。我国主要依靠税收调节过高收入。邓小平曾指出："对一部分先富起来的个人，也要有些限制，例如征收所得税。"此外他又说："社会主义制度就应该而且能够避免两极分化。解决的办法之一就是先富起来的地区多交点利税，支持贫困地区。"同时，还鼓励首先富起来的群众和地区帮助其他后富起来的群众和地区。此外国家也推行对贫困地区和贫困群众资金和技术等方面的援助政策。这样既能够促进部分地区和群众先富起来，同时又有利于先富者支持和帮助后富者。实现部分先富与共同富裕的统一，使收入分配上既有一定的差距，又不会出现严重的两极分化。③强化法律制度。防止两极分化的产生除了保障公有制和按劳分配的主体地位及加强分配调整外，非常重要的一项工作就是要完善和强化我国的法律制度，用法律这一强制手段有力地保障和调节分配机制的运行，打击各种非法暴富的行为，取缔各种非法收入，以避免两极分化的出现。目前，我国在建立和发展市场经济的过程中，出现了很多新问题和新矛盾。为此，我们必须建立和健全法律制度，为防止两极分化的产生提供法律保障。市场经济从本质上说是竞争经济，但是这种竞争必须在法律范围内运行才能保证其公平、有序，否则在利益的驱动下竞争者会为了追求利益的最大化而不择手段，甚至使用非法的手段来牟取暴利。近年来，我国一系列新的

法律法规的制定和实施对解决收入分配差距过大、防止两极分化的产生起着极其重要的作用。另外，调节收入差距也要把握好时机。邓小平同志认为，先进地区在经济技术上支持后进地区要根据具体条件、掌握时机。他说："太早了不行，现在不能削弱发达地区的活力，也不能鼓励吃'大锅饭'。"什么时候提出和解决这个问题、在什么样的条件下提出和解决这个问题呢？他说："可以设想，在本世纪末达到小康水平的时候，就要突出地提出和解决这个问题。"这就是说，在邓小平看来，适当缩小收入差距也要注意时机，早了容易影响先进地区的发展，而且容易造成吃大锅饭，退回到平均主义的老路上去。太晚了也不行，因为那样会扩大贫富之间的差距，会影响国家和社会的稳定，也会影响我国共同富裕目标的实现。

"平均主义不是社会主义"，这既是邓小平对社会主义的描述，也是社会主义的一个本质特征，共同富裕不等于绝对平均。共产主义社会是人的全面自由发展的社会，每个人有自己的兴趣爱好，即使到了共产主义社会阶段，仍然不能搞平均主义，这也是事物发展的客观规律。邓小平尊重这一规律，并以此来推动社会主义的发展，是对社会主义理论的建设性发展。

（二）姓资还是姓社

1989 年 5 月 31 日，邓小平同志对两位中央领导同志说："某些人所谓的改革，应该换个名字，叫作自由化，即资本主义化。他们'改革'的中心是资本主义化。我们讲的改革与他们不同，这个问题还要继续争论的。"不出邓小平同志所料，几年后就有人挑起争论，公然主张改革应"不问姓社姓资"，并把"不问姓社姓资"称为中国的"第二次思想解放"。尤其荒唐的是，他们竟然把"不问姓社姓资"说成是邓小平同志的思想。提出改革应"不问

SHE HUI ZHU YI BEN ZHI GAI SHUO

姓社姓资"的人有一个所谓的"依据",就是邓小平在南方谈话中讲过的一句话:"改革开放迈不开步子,不敢闯,说来说去就是怕资本主义的东西多了,走了资本主义道路。要害是姓'资'还是姓'社'的问题。"他们认为,姓资姓社问题影响了改革开放的步伐,因此要加快改革开放,就应该不问姓社姓资。笔者认为,这是强加给邓小平同志的主观推断。从小平同志那段话中,丝毫得不出"不问姓社姓资"的结论,更谈不上要"冲破姓社姓资"。如果我们联系邓小平同志整个南方谈话及其背景来看,邓小平不是反对问"姓社姓资",而是说应当正确认识社会主义和资本主义,搞清楚"姓社姓资"这个关系党和国家命运的"要害问题"。

邓小平同志对待姓社姓资的问题是辩证的。一方面,他认为在某些不涉及政治方向、道路和本身不在姓社姓资属性的具体方法、手段,不必问姓社姓资,那会束缚人们的思想,改革开放就会迈不开步子,就不敢闯。另一方面，他认为决不能对任何问题都不问姓社姓资。特别在政治方向上，不能不问姓社姓资，必须旗帜鲜明，坚持走社会主义道路，反对走资本主义道路，否则，改革开放就会偏离方向。正是为了在改革开放中既坚持社会主义方向，又不纠缠于无谓的姓社姓资的抽象争论，邓小平在南方谈话中指出："社会主义的本质，是解放生产力，发展生产力，消灭剥削，消除两极分化，最终达到共同富裕。"这一科学概括，指明了社会主义制度的根本属性和主要特征，为我们划清姓社姓资的界限、坚持社会主义制度提供了理论依据。同时，他又提出了"三个有利于"的判断标准。用这个标准来判断改革和各项工作的是非得失，就能统一人们的思想，消除在"姓社姓资"问题上的疑虑，从无谓的"抽象争论"中解放出来。所有这些，都是为了更好地坚持社会主义。

在改革开放中，判断姓"资"还是姓"社"的标准，按照邓小平同志的意见，应该主要看是否有利于发展社会主义社会的生产

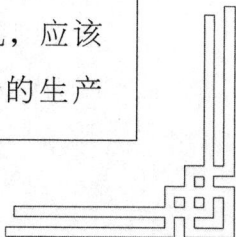

力，是否有利于增强社会主义国家的综合国力，是否有利于提高人民的生活水平。这为我国的社会主义建设提供了科学的理论依据，对于我国在今后的历史进程中既警惕右又防止"左"，尽快推进社会主义的发展，无疑具有长远的指导意义。

是否有利于发展社会主义生产力，是判断姓"资"还是姓"社"的根本标准。整个人类社会是在生产力和生产关系、经济基础和上层建筑之间的矛盾运动中前进的。生产力决定生产关系，生产关系的总和即经济基础决定上层建筑，所以，生产力是整个社会的根基。一种社会形态、一种社会制度的优劣，最终都要以生产力标准来衡量。生产力标准的基本内容，首先就是解放生产力，主要强调对于人的解放，尤其是对劳动者的解放。非剥削制度代替剥削制度，是通过社会革命的方式来实现生产力的大解放的。当剥削制度被消灭以后，社会主义则只能通过改革的方式来解放生产力。生产力标准更重要的内容是发展生产力。发展生产力意味着特别强调增加社会财富，建立强大的物质基础，当然包括作为第一生产力的科学技术。这是社会主义本质的客观要求。

综合国力涉及整个国家的繁荣富强，是以生产力发展水平为基础的综合指标。传统上衡量国家实力的指标通常是国民生产总值、国民收入、人均收入等。但它们很难准确地衡量一个国家的整体实力，只局限于生产力水平的自身分析，没有包含生产力的潜在作用，以及各种国力要素构成的整体合力。因此，必须综合分析生产力水平及其相关因素，考察综合国力。所谓综合国力，就是各种国力要素综合组成的国家实力。国力要素包括自然力，如国土、资源等；人力，如人口数量、质量等；经济力，以国民生产总值、人均国民生产总值为标志；科技力，如科技研究能力、科技应用能力等；教育力，如各级学校教育的普及率、社会教育的水平等；军事力，如兵员数量、素质及武器装备状况等；政治、外交力，如体制、决策能力、国际影响力等；精神力，如国民精

神面貌、民族凝聚力等。这些要素既不能孤立地存在，也不能简单相加，必须是有机结合的统一整体。因此，综合国力标准必然向决策者提出综合治国的要求，包括当前发展与长远发展的综合，物质文明建设与精神文明建设的综合，改革开放与打击各种犯罪活动的综合，经济发展与生态环境保护的综合，发展要求与安全要求的综合，等等，按照经济、科技、文化、教育、军事、法制、民主政治、国民素质等综合指标的要求，全面发展我们的国家。

一个国家经济的发展和政治的发展是紧密相关的。比如社会主义民主建设，首先就要受到经济力发展水平的限制。交通便利、信息灵通、较高的劳动生产率以及充裕的物质生活等，是现代民主必不可少的物质条件。而民主必备的另一个重要条件，即劳动群众相当程度的文化水平、思想觉悟、民主生活习惯以及充实的精神生活等，又都取决于社会的经济条件。所以，没有较高程度的经济力，就不可能建设高度的社会主义民主。经济力与精神力、

教育力之间的关系亦是如此：经济力是精神力、教育力发展的先决条件。如果物质生产不丰富，经济没有繁荣起来，教育、文化事业的发展就要受到限制，人的精神面貌和道德风尚也容易受到经济落后状况的种种困扰。由此可见，综合国力标准要求在重点发展经济力、科技力基础上，实现各种国力要素的平衡发展。

把提高人民生活水平作为判断姓"资"还是姓"社"的标准，是与发展生产力的目的和解决社会主义初级阶段的基本矛盾完全一致的。它的主要内容是通过发展生产力，逐步满足人民群众日益增长的物质文化需要。社会主义社会人民群众的物质文化需要主要由三部分构成：一是生存的需要，二是发展的需要，三是享受的需要。社会主义条件下人们的这些基本需要，大都要在生产发展的基础上以各种不同种类的产品从不同程度去满足，而生产与需要之间的矛盾，则通常表现为：在一定时期内，社会生产的现有水平总是满足不了人民群众日益增长的物质生活和文化生活的需要，这

就要求党和政府去不断解决这一矛盾。总之，三条标准简单地概括起来就是：物质技术基础的不断进步，国家整体实力的持续增长，国民的生活日益富裕和幸福。在判断姓"资"还是姓"社"的三条基本标准中，是以生产力是否发展为核心的。

不论是生产关系还是上层建筑，只要不利于生产力的发展，说到底，就不是社会主义。这并不会模糊社会主义与资本主义之间的本质区别，相反，只会使我们对两者之间区别的认识更准确、更科学。这就要我们对生产力标准进行全面的、科学的理解。首先，生产力标准强调生产关系依存于生产力水平，但否认生产力水平机械地决定生产关系，尤其否认生产力水平机械地决定不同形态的生产关系。生产关系在形态上的质变只能在相应水平生产力的基础上才有可能。因而社会主义的生产关系的产生要以一定程度的现代化大生产为前提。其次，生产力标准要求从发展生产力的整个趋势来衡量生产关系和上层建筑。必须指出，生产

力标准要求生产关系建立在一定水平生产力的基础之上，这只是生产关系建立的基本前提，还不足以判断建立在一定生产力基础上的生产关系尤其是不同形态的生产关系的优劣。更重要的是，生产力标准还要求从促进生产力发展的整个趋势来衡量生产关系的优劣。这才是生产力标准的侧重点，即究竟哪一种形态的生产关系更能彻底解放生产力、发展生产力。马克思主义之所以认为社会主义生产关系必然取代资本主义生产关系，并不是因为资本主义生产关系没有促进生产力的发展。资本主义生产关系不仅在自由资本主义时期，而且到现在，它还有利于生产力发展的某些因素。但是，从整个趋势来看，资本主义制度对于生产力的促进作用已进入最后阶段，因为它阻碍生产力彻底解放的基本矛盾并没有消失，剥削者与劳动者的矛盾没有消除，而是像所有资本主义发展时期一样，隐含在更深刻的层次之中。马克思主义认为社会主义生产关系的本质优越性，就在于它能够彻底解放生产力，发展生产力。社会

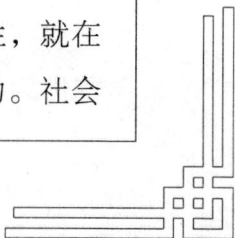

主义之所以建立公有制，其根本的原因和目的正在于此。所以，公有制性质、形式、程度等的变革，都须以彻底解放生产力、发展生产力为根本标准。社会主义生产力远远落后于发达资本主义，在追赶它们的过程中，在非本质的生产关系的广泛领域内，尤其是管理手段、管理方法、经济机制等诸多方面与资本主义相似甚至相同，是不足为奇的。

资本主义生产关系与社会主义生产关系的区别应立足于发展生产力的基本趋势，不这样认识问题，就会限制社会主义生产关系的变革，最终限制社会主义自身生产力的发展。犹如大海航行，社会主义生产关系是一条新航船，资本主义生产关系是一条旧航船，它虽然走在前面，但资本主义生产关系的本质矛盾决定了它的续航能力不足，它促进生产力发展的潜力将越来越小，不仅要逐渐慢下来，而且不可能开到彼岸。我们有国营大中型企业、乡镇企业，更重要的是政权在我们手里，这是我们的优势。社会主义通过自身的改革，必然会大大提高生产力，以充分显示其优越性。综合国力标准强调在发展生产力的基础上，注重发展国家的整体实力，提高人民生活水平的标准则侧重于发展生产力最终目标的实现，它们的基本要求与生产力标准是完全吻合的。三条标准表面看来只是物的表现，但实际上每条标准中都包含了对生产关系、上层建筑和意识形态诸因素的要求。能够从根本上符合这些标准要求的生产关系、上层建筑和意识形态，只能是社会主义制度，而不是资本主义制度；能够从根本上解放生产力、发展生产力的，只能是以社会主义公有制为主体的所有制结构；能够真正体现强大综合国力的上层建筑，只能是社会主义的人民民主政权和社会主义精神文明；能够普遍提高全体人民生活水平、实现社会主义公正的分配制度，也只能是以按劳分配为主体。正因为如此，邓小平同志把社会主义的本质概括为：解放生产力，发展生产力，消灭剥削，消除两极分化，最终达到共同富裕。显然，只要围绕三个"有利于"来改革生产关系，就能

全面体现社会主义本质，推动社会主义的前进与发展。

（三）社会主义从特征到本质

马克思、恩格斯所设想的社会主义是建立在资本主义充分发展的基础上的。一方面，他们吸收了空想社会主义关于未来社会设想中的合理成分；另一方面，由于历史条件的限制，他们只能就已经看到的西欧、北美主要发达资本主义国家的现状和发展趋势，对代替资本主义社会的未来社会的特征进行了预测和构想。在马克思的著作中，在对未来社会的一般特征作探讨时，大多数情况下，共产主义和社会主义这两个概念是等同起来使用的。甚至马克思在《哥达纲领批判》一书中明确提出了共产主义两个阶段的论断后，恩格斯多次使用"社会主义社会"这个概念，其含义也是指完整的共

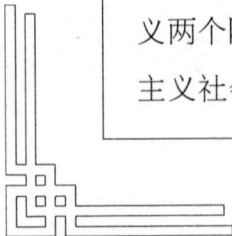

产主义社会，仍然是在与资本主义社会的对比中论述未来整个社会的一般特征。马克思主义对未来社会基本特征的论述归纳起来有这几个方面：①高度发展的生产力是未来社会的物质前提；②在社会生产高度发展的基础上，实行生产资料单一的社会所有制；③社会生产将全部直接由计划来控制调节，不再需要商品和货币；④在第一阶段只能实行"按劳分配"的原则；⑤没有阶级对立和阶级差别，国家随之消亡；⑥人们具有高尚的道德风貌和高度的文化技术水平，社会为每个人充分发挥自己的才能提供条件，每个人的发展是其他人自由发展的条件。这些特征是马克思、恩格斯对代替资本主义社会的未来整个社会特征的预测，既有我们今天实践中的社会主义的特征，又有未来共产主义社会的特征。这些特征是他们依据历史唯物主义关于人类社会发展一般规律和资本产义社会基本矛盾发展的趋势作出的一种预测，而不是通过社会主义建设的实践经验作出的总结和概括。当然这些是根本不同于 19 世纪

30～40 年代空想社会主义对未来社会特征所作的想象，马、恩在批判资本主义社会的弊端中划清了与空想社会主义的界限，揭示未来社会的特征。

1886 年 1 月，英国费边社的一位领导人爱·皮斯请求恩格斯为该社准备出版的小册子《什么是社会主义》写一篇文章，简要叙述一下社会主义提出的经济、社会和政治的基本要求。恩格斯回信表示难以承担这一任务。他强调指出："我所在的党没有提出任何一劳永逸的现成方案。我们对未来非资本主义社会区别于现代社会的特征看法，是从历史事实和发展过程中得出的确切结论，脱离这些事实和过程，就没有任何理论价值和实际价值。"恩格斯还指出：我们只能在我们时代的条件下进行认识，而这些条件达到什么程度，我们便认识到什么程度。

苏联的社会主义革命是在资本主义不发达的国度里取得胜利的。根据 20 世纪初资本主义和苏联的经济政治发展状况，列宁第一次把共产主义的第一阶段明确为"社会主义"。随着实践的发展，特别是 1921 年新经济政策的实施，经过七年的社会主义建设，列宁对实践中的社会主义有了新的认识，得出了一些新论断：社会主义实行计划经济与采用商品货币手段相结合；存在着阶级和阶级差别，国家、军队和各种执行机构存在；要创造出比资本主义更高的劳动生产率。这些结论也只是对社会主义基本特征在认识上的进一步深化。列宁虽然从事了社会主义的实践，但毕竟时间不长，正如列宁在 1918 年所说的："要论述一下社会主义，我们还达不到；达到完备形式的社会主义是个什么样子，这些我们不知道，也无法说。""因为还没有可以用来论述社会主义的材料。"

我国的社会主义是在半殖民地半封建社会的基础上建立起来的。在社会主义建设初期，由于我们对什么是社会主义、怎样建设社会主义在思想上、理论上准备不足，把马克思、恩格斯对未来社会构想看成是社会主义制度一经建立就能完全实现的，而没有认识到马、恩的

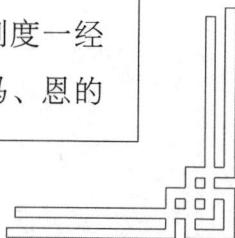

设想是从最终的结果和必然性来说的，并且把他们的设想看作是提供未来各国实现社会主义的具体方案，虽然学习了苏联经验，但到了1958年在新中国建立不到十周年、社会主义基本制度建立不到四周年时，照搬照套马列主义本本，企图跑步进入共产主义。此后又出现了忽视社会生产力和没有把工作重心转移到经济建设上来的严重失误。"以阶级斗争为纲"的"左"的指导思想，最终触发了"文化大革命"，使我国在政治上造成了严重混乱，经济濒临崩溃的边缘。多年来离开生产力抽象地谈论社会主义，把许多束缚生产力发展、并不具有社会主义本质属性的东西，当作"社会主义原则"加以固定，把许多社会主义条件下有利于生产力发展的东西，当作"资本主义"加以批判，其关键就在于对什么是社会主义没有完全搞清楚；我国在改革开放前三十年经历的曲折和发生的失误，在改革开放中产生的疑虑和困惑也是由于对这个问题没有完全搞清楚。现实的社会主义都是在经济、文化相对落后的国度建立起来的，在这样的基础上建立的社会主义本质是什么？如何实现社会主义的现代化？这一涉及社会主义命运的历史课题，在以往世界上没有一个共产党圆满解决。

邓小平同马克思、恩格斯一样，把对社会主义本质的探索置于实践的深厚土壤中。无论提出问题，还是作出结论，都不仅从原则出发，还从中国社会主义建设的实际出发。中国还处于并将长期处于社会主义初级阶段，未达到马克思、恩格斯设想的共产主义第一阶段的发展水平，还在实现别的许多国家在资本主义条件下就已完成的工业化和生产的商品化、社会化、现代化的任务。处于这种阶段的社会主义，是不可能"消灭分工"，实现人的自由而全面发展的。因此，邓小平对社会主义本质的概括没有照般马克思、恩格斯的结论。但他同马克思、恩格斯一样坚持唯物史观，在合目的性与合规律性的统一中去探索社会主义本质，而且把合目的性放在首要位置。他在探索的初期多次讲"贫穷不是社会主义"、"发展太慢也

不是社会主义"、"平均主义不是社会主义",这一系列的否定式论述都在告诉我们:不要忘了社会主义的目的。邓小平指出:"我们的目的是共同富裕,在对社会主义这样的理解下面,我们寻找自己应该走的路。"这就要求我们在制定方针政策、选择前进道路的时候都必须符合这一目的。在思想上忽视这一目的,在实践上背离这一目的,就不叫搞社会主义,所实现的就不是社会主义。1992 年,邓小平同志在南方谈话中对社会主义本质进行概括时,也是从分析手段与目的的关系入手,强调目的的至上性。他在说明"计划和市场都是经济手段"以后指出:"社会主义的本质是解放生产力,发展生产力,消灭剥削,消除两极分化,最终实现共同富裕。"

邓小平从目标层次上界定社会主义本质,与马克思主义是完全一致的。由于实现人的自由而全面发展是一个漫长的历史过程,邓小平同志从中国还处于社会主义初级阶段这一实际出发,把建设中国特色社会主义的目标定为实现共同富裕，这既符合中国国情，又是向人类解放的目标迈出的决定性的一步。邓小平在对社会主义本质的新概括中，没有讲公有制与按劳分配。很多学者认为，邓小平不是不讲这两条，而是已"内含"在消灭剥削、消除两极分化之中了。按照这种诠释，公有制、按劳分配仍然是社会主义的本质，为什么不明讲而要"内含"在其论述中呢？正确的解释是：邓小平不讲这两条的唯一原因，是它本来就不是社会主义的本质。邓小平和马克思、恩格斯一样，是把公有制、按劳分配视为社会主义的特征，是实现社会主义的本质的必要条件和切实保证。强调目的的至上性并没有排斥规律性，而是以唯物史观揭示的历史规律为前提的。这一规律告诉我们：生产力是社会发展的最终决定力量，任何离开生产力发展的社会目标都是无法实现的。因此，马克思在论述人类解放这一伟大目的时，总是强调生产力的高度发展是必不可少的条件。而且生产力的发展与人的自由发展又是互为条件、互相包容的，由于人是

生产力中最基本的要素，解放生产力不仅是物的解放，同时也是人的解放，发展生产力不仅是物的发展，同时也是人的发展。邓小平同志把"解放生产力，发展生产力"纳入社会主义本质的新概括中，正是从社会主义运动规律上揭示了社会主义的本质，与马克思上述观点是完全吻合的。马克思从目的性和规律性统一的角度，认为共产主义是"在保证社会劳动生产力极高度发展的同时又保证每个生产者个人最全面的发展的这样一种经济形态"。邓小平社会主义本质理论与上述论断的继承关系是一目了然的。

邓小平社会主义本质理论的突出贡献，主要是提出了"社会主义本质"这一概念，而且对社会主义本质的内容作了新的概括，从最根本、最实质、最深层次上回答了什么是社会主义的问题，从而使我们抓住了理解社会主义的要领，廓清了自第一个社会主义国家建立以来就形成的一系列误解，如公有制就是社会主义，取消商品经济就是社会主义，不顾生产力发展超越历史阶段进入共产主义等，使我国社会主义建设沿着正确的轨道健康发展，其实践意义十分重大。社会主义本质理论是构建中国特色社会主义理论的基础和核心，是其科学体系形成的关键。社会主义初级阶段理论、社会主义动力理论、社会主义市场经济理论都必须以社会主义本质理论为依据，才能得到科学论证。我国政治、经济、文化领域等多方面面临的问题也必须从社会主义本质理论出发，才能找到解决问题的正确道路。

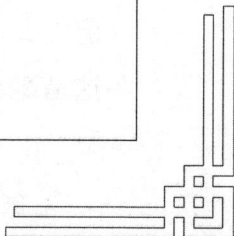

四、社会主义的优越性
——历史的进步

（一）人类社会发展的最高阶段

马克思的社会形态理论是马克思主义理论宝库中的瑰宝，它不仅是哲学唯物史观的核心，而且是政治经济学和科学社会主义的理论前提。人类社会的发展方向是实现共产主义，这是毫无疑问的。人们常常谈论共产主义社会，但对究竟什么是共产主义社会似乎并没有取得一致的认识。

在《德意志意识形态》中，马克思首次系统地提出共产主义是世界历史性事业的思想，认为共产主义的产生必须以世界历史的形成为前提，共产主义不是某个国家、某个地域的特殊现象，而是超越地区和国界的。历史向世界历史的转变，共产主义的实现并不是黑格尔式的绝对精神的运动、相应理念的转化，而是现实的有条件的运动。马克思认为："共产主义对我们来说不是应当确立的状况，不是现实应当与之相适应的理想。我们所称为共产主义的是那种消灭现状状况的现实运动。这个运动的条件是由现有的前提产生的。"共产主义的实现必须以生产力的普遍发展和世界交往的普遍发展为前提条件。生产力的普遍发展是实现共产主义社会的绝对必要的现实条件。基于这一点，马克思认为："历史向世界历史的转变，不是'自我意识'、宇宙精神，或者某个形而上学怪影的某种的纯粹抽象行动，而是完全物

质的、可以通过经验证明的活动，每一个过着实际生活的、需要吃、喝、穿的个人都可以证明这种行动。"这是在强调后期历史并不是作为前期历史的目的而存在的，而是在利用前代的物质生产材料，在前代历史的物质基础上发展起来的。由此，共产主义社会也并不是建立在空想上，而是建立在前世界历史时期的生产力、材料和资金的基础上，并与现实的人的现实活动和物质生活条件直接关联起来。人类历史的第一个前提是现实的人的生命存在，由于个人的需要开始了物质资料的生产和再生产活动，而随着人与人之间的交换，生产也不断地扩大，构成了实际的生产力。一个国家或一个民族自身的内部结构取决于生产力的发展程度。现实的人同时又是自身思想、观念及意识的生产者，"意识在任何时候只能是被意识到了的存在，而人们的存在就是他们的现实生活过程"。这样一来，共产主义就不再是一个应然的理念世界，而是一个建立在生产力普遍发展水平上的现实社会。

　　根据唯物史观的基本思想，马克思从物质实践出发来阐释观念形态，对以往的社会主义和共产主义的思想进行了系统的整理和批判，认为以往的社会主义和共产主义的文献主要分为三大类。

　　第一类是反动的社会主义，包括封建的社会主义、小资产阶级的社会主义和德国的社会主义。封建的社会主义主要是法国和英国的贵族阶级，不能理解现代工业的进步，为了维护自身的利益，对革命的无产阶级采用暴力的镇压措施。小资产阶级的社会主义主要由摇摆于资产阶级与无产阶级之间的一个新的阶级构成，站在小资产阶级的立场上，去批判现代生产关系中的矛盾，抨击现代生产下的贫困，但实际上是要恢复旧的生产框架和所有制关系，从其本质上看是反动的。德国的社会主义则是将英、法的共产主义文献当作是纯粹理论的著作，用费尔巴哈和黑格尔的哲学观点来阐明共产主义的思想，赋予德国的理论以揭示共产主义真理的使命。这种理论去除了直接的实践意

义，而成为了空洞的词句制造，没有建立在相应的物质生活条件和相当的政治制度的基础上，代表德国小市民的利益，反对共产主义的斗争倾向。

第二类是保守的或资产阶级的社会主义。他们的一个重要论断是"资产者之为资产者，是为了工人阶级的利益"。他们主张消除社会的各种弊病，目的是维护资产阶级的统治地位和资产阶级社会的现存秩序。这些主张虽然对社会的改良有一定的积极意义，对无产阶级的生活状况有一定的改善，但是这些改良都是在资产阶级的体系框架内进行的，看不到历史进步的指向，而认为资产阶级社会就是最终和最好的社会，并不触及资产阶级的基本利益，解决不了资本主义社会的基本矛盾。

第三类是批判的空想的社会主义和共产主义。在科学社会主义创立之前，空想社会主义对西欧社会产生着深刻的影响。例如英国大革命时期的平等派、法国大革命时期的巴贝夫都表达了无产阶级的要求，伴随着一系列的革命运动，由此出现对应的理论体系。在16世纪和17世纪出现了关于社会理想制度的设想。而在18世纪摩莱里和马布利等人则有了直接共产主义的论述。随后出现了圣西门、傅立叶、欧文这三个伟大的空想主义者。而这些共产主义都只是粗陋的共产主义，"不过是这种忌妒和这种从想象的最低限度出发的平均化的顶点"，是对现存的资本主义文明和世界的简单抽象的否定和倒退，把处于一定物质生活条件下的现实的个人降到贫穷的、没有需求的个人。这样，"就只会有贫穷、极端贫困的普遍化；而在极端贫困的情况下，必须重新开始争取必需品的斗争，全部陈腐污浊的东西又要死灰复燃"。他们看到了阶级对立，但是却没有看到革命的现实力量和现实条件，而是将革命诉诸头脑中的观念，世界历史只需要实施他们宣传的社会计划就能形成。他们向统治阶级宣扬关于社会的美好的计划，企图通过和平的方式来实现新的社会，反对一切暴力的革命行为。这些空想社会主义思潮，因为其对现存社

会的批判的成分，往往能最大限度地迎合广大无产阶级对资本主义的种种不满，从而对工人运动有很强的渗透力。这些空想社会主义学说的代表人没有从时代的物质生产中去寻找社会变迁和政治变革的根本原因，而是从人的头脑中的观念出发，想立即解放全人类。总之，以往的关于社会主义和共产主义的文献没有立足于生产力水平，没有看到历史发展的必然趋势，提出的不符合生产力水平和时代要求的关于未来社会的设想，都是不科学的。

生产力的普遍发展，才能够产生人们之间的普遍交往，实现世界交往的普遍发展。那么，世界交往的普遍发展则是共产主义社会实现的另一个前提条件。普遍交往在两个层面上起作用。一个层面是对个人来说，随着交通工具和交往方式的多元化，创造出了孤立的个人间联合的必要手段，人与人之间的交往不再受地域的限制，交往范围扩大，地域性的个人最终转变为世界历史性的、普遍经验性的个人。另一个层面是对民族和国家来说，普遍交往的发展使得民族之间的依赖性加强，这种依赖性不仅在经济领域，而且在政治、社会及生活各个方面。各个国家的生产力及生产关系的有机体系交织成一个总的整体，每个有机体系作为一个重要的组成部分相互发生关系和作用。世界交往的普遍发展使得世界越来越成为有机联系的整体。资产阶级创造了大工业和世界市场，摧毁了一切传统的如宗法制和封建制度的社会关系，通过世界市场的开拓把各民族和国家都纳入了资本主义的体系框架之内，建立了资本主义的全球化体系。大工业创造了便捷的交通和广阔的世界市场，打破了各民族和国家的封闭状态，使得每个国家和民族的需要和生产都依赖于全球化的体系，把世界各国人民联系起来，为各地的文明和进步作好了准备，首次开创了世界历史。"资产阶级，由于开拓了市场，使一切国家的生产和消费都成为世界性的了。"随着资本的集中，各个民族、国家以及人民都被卷入了世界一体化的网络中，从而使得资本主义制度也日益具备了国际化性质。

但是资本主义主导的全球化浪潮仍然具有国家性、民族性、阶级性与不平等性。而资本主义创造的普遍交往的扩大发展，为共产主义社会作了准备条件，因为"交往的任何扩大都会消灭地域性的共产主义。共产主义只有作为占统治地位的各民族的'一下子'同时发生的行动，在经验上才是可能的。"在共产主义社会中，国家、民族都将被扬弃，等级制度和阶级差别都将被取消，整个人类社会也将作为一个普遍共同体而存在。

在历史转变为以生产力的普遍发展和世界交往的普遍发展为标志的世界历史的条件下，人才能实现自身的解放。世界历史的进程本质其实就是人的解放过程，共产主义社会的最终旨向是每个人自由而全面的发展。"代替那存在着阶级和阶级对立的资产阶级旧社会的，将是这样一个联合体，在那里，每个人的自由发展是一切人的自由发展的条件。"只有在扬弃了私有制、分工、异化的共产主义社会，人才能得到真正的自由和解放。因此个人的解放之路其实是和私有制的产生与灭亡，人的本质的异化和扬弃的道路相一致的。在资本主义社会之前，土地等生产资料分布较分散，主要是以家庭为生产单位，生产方式单一，排斥协作，自给自足。即使到了封建社会的繁荣时期，生产力水平仍然比较低下，分工仍然不发达，被压迫的阶级没有人身自由，受着各种封建关系的束缚和羁绊，个人解放无从谈起。到了资本主义社会，生产方式的变革引起了分工的发展，机器化的大生产使分工更细，促进了各行各业的发展，但分工同时造成了劳动工具和生产手段的专门化，这种专门化把工人束缚在一个领域和门类，每个人只熟悉整个生产的某一部门或者是某一个部门的一部分，使工人不能发展和发挥自己多方面的兴趣和才能。工人的劳动从作为人的本质的生命活动异化成为了一种维持肉体生存的手段，劳动所创造出来的产品也成为了一种"与他相异的东西不依赖于他而在他之外的存在，并成为同他对立的独力量；意味着他给予对象的生命是作为敌对的和

相异的东西同他相对立"。这样，私有制和分工就导致了异化的形成。"自然形成的分工不产生异化，而只有非自愿产生的分工才产生异化。对此作以合理的拓展性解释，自然形式的分工能体现人自身的本质力量，而自愿的分工产生人的异化，要消灭异化，就要消灭这种非自愿的分工，从而达到更高层次上的'自然分工'。"只有在共产主义社会，在消灭了私有制和非自愿分工的基础上，个人解放之路才有可能。在共产主义社会中，采用的是自动工厂生产。"自动工厂中分工的特点，是劳动在这里已完全丧失专业的性质。但是，当一切专门发展一旦停止，个人对普遍性的要求以及全面发展的趋势就开始显露出来。自动工厂消除着专业和职业的痴呆。"共产主义社会完全消灭了分工，当然消灭的分工不是指自然的分工，而是指经济上的分工。只有消灭经济上的分工，消灭以私有财产为基础的私有制度，才能真正实现平等。共产主义社会不是以力量为尺度，而是以人为尺度。人可以有多种职业、多种兴趣爱好，从而逐渐成为全面发展的完整的个人。正如马克思所说的："在共产主义社会中，任何人都没有特殊的活动范围，而是可以在任何部门内发展。社会调节着整个生产，因而使我可能随自己的兴趣今天干这事，明天干那事，上午打猎，下午捕鱼，傍晚从事畜牧，晚饭后从事批判。"当然，现今社会存在少数人出于兴趣而不是生存手段去劳动，但是这些人只是作为单个人，在个人意义上获得了自由，并没有真正作为一个阶级的一分子获得解放，实际上没有挣脱出桎梏。而到了共产主义社会，根据兴趣选择多种劳动方式将成为普遍性的现象，共产主义社会将在现实和普遍意义上实现整个人类的自由。

人从其类本质上说，是一种自由自觉的存在；从其现实关系上说，是所有社会关系的总和。因此人类的解放之路的实现不仅要扬弃私有制和分工，还要把人的现实世界和人的关系本身还给人自己。在资本主义社会前，受低下的生产力水平的桎梏，再加上交通工具不发达

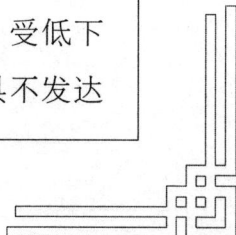

等种种原因，人们的社会关系局限在狭小的地域和民族范围内，缺少多层次的与外界的交流。人们都局限在狭小的范围里，导致人同世界关系降到了最低的限度。这种情况到了资本主义社会有了很大的改观，资产阶级开创了世界市场，进而沟通了人们与整个世界的联系。但资产阶级不仅驾驭不了自己创造的生产力，使现实的人受所造之物的奴役，而且也无法驾驭自己创造出的社会关系，使人们之间只剩下冷酷的金钱和利益关系，无法支配自己与他人发生相互关系的方式。由于私有制的存在，就不可避免地产生私有财产和剥削制度，人与人处于不平等的地位，导致统治阶级与被统治阶级的对立，人与人相异化。人们生活在虚假的共同体中，这个虚假的共同体是一个阶级与另一个阶级相对立而产生的，对于被统治的阶级来说完全是一个新的桎梏。国家和民族的存在不可避免地会导致社会关系的局限性。而在共产主义社会，民族、地域的局限性将被世界性的普遍交往打破，社会将成为一个自由联合体，个人在联合中并同时通过这一联合获得自己的自由。个人的出发点总是自己，自己代表自己，人与人之间的结合完全出于自愿，个人的利益与人类整体的发展达到了一致，从而把人的现实世界和人的关系返回到了人本身，个人获得了完全意义上的解放。

总之，共产主义社会是一个以世界历史为前提，以生产力的普遍发展和世界交往的普遍发展为条件，个人得到全面解放的社会。在这个社会中，私有制、分工、异化、阶级、国家、民族等都将消失，每个人直接与世界历史相联系，每个人的存在都是世界历史性的存在，真正实现人与人、人与社会的和谐发展。

（二）与资本主义的对比

世界进入 20 世纪后，在欧、亚、拉美地区相继建立了社会主义制度，改变了资本主义

一统天下的局面，从此形成了社会主义与资本主义并立的世界格局。社会主义制度的建立和发展是 20 世纪最伟大的成就。虽然在 80 年代和 90 年代之交，苏联和东欧几个国家发生了剧变，使世界形势发生了重大的变化，但是，这并没有改变两种不同社会制度并存的世界格局，占世界人口六分之一强的中国的社会主义伟大事业仍在生机勃勃地向前发展着。当然，不可否认目前世界社会主义事业处于低潮，因此，围绕着社会主义的优越性和生命力，人们不可避免地产生了种种的疑虑和困惑，面对现实讲社会主义优越性，总感到不那么理直气壮。

要正确回答社会主义优越与否的问题，首先必须掌握认识问题的科学方法论。所谓方法论，就是指人们观察、分析和处理问题的根本的思想方法和工作方法。马克思主义认为，世界观和方法论是一致的。一般说来，有什么样的世界观，就有什么样的方法论。人们的世界观是有差别的，这是由人们所处社会的生产力

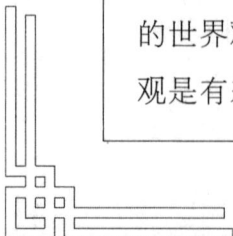

发展水平以及人们的经济地位、根本利益、阶级立场、掌握文化科学知识程度等方面的不同所决定的。由于人们世界观的不同，在探讨社会主义制度与资本主义制度究竟哪种制度优越时，所采取的立场和认识方法就不同，从而也就不可能得出一致的结论。但是，社会制度有无优越性是社会的一种内在的本质的属性，是不以人们主观认识为转移而客观存在的。究竟哪种认识方法是正确的，检验的唯一标准只能是社会发展的实践。与社会实践基本相一致的认识方法论才是科学的。在分析两种不同社会制度时，我们应当坚持马克思主义的世界观和方法论，因为它要求人们从实际出发，客观地、历史地、辩证地看问题，反对唯心主义和形而上学。当然，马克思主义的世界观和方法论本身不是回答社会主义与资本主义哪个优越的问题，但它却能为我们在采用具体的认识方法探索这一问题时，提供指导思想和应遵循的法则。比较，是人们认识客观事物最常用的一种方法。在回答社会主义优越与否的问题时，

人们必然要同资本主义进行比较。"有比较才能鉴别"，因此，我们赞成两种不同社会制度相比较的方法，作为我们认识社会主义优越性的主要方法。比较方法本身不具有阶级性和社会性，但是，为什么有的人通过比较找到了真理，增强了勇气，坚定了社会主义必胜的信念，鼓足了大干社会主义的干劲，而有的人通过比较却陷入了谬误，比短了志气，动摇了走社会主义道路的决心，甚至走上了反社会主义的邪道？这说明，在具体运用比较方法时，确实存在一个站在什么立场上、用什么世界观和方法论进行比较的问题，以及如何使比较方法具有科学性的问题。

我们要在社会主义和资本主义两种不同社会制度的比较中，坚持科学性，要注意国与国之间的可比性。两种不同社会制度作比较时，必然要落实在我国与某个或几个资本主义国家在经济、政治等方面的对比上。现在全世界有一百几十个国家实行资本主义制度，其中，只有二十几个是发达国家，其余则属于不同水平的发展中国家。那么，我国应当与哪个资本主义国家进行比较呢？一般说来，比较都是在条件大致相同的同类事物中进行的，因为它们之间具有可比性。具有可比性的事物进行比较，这种比较才是科学的。我国是一个实行社会主义制度的发展中的东方大国，因此，根据我国这一特点，与我国最具有可比性的国家，也应当是实行资本主义制度的发展中的大国，而不应当是发达的资本主义大国。

在众多的发展中国家中，与我国最可比的国家，应首选东方另一个大国——印度。印度和我国有着共同的历史遭遇，两国在独立的时间、独立时的生产力水平以及具体的国情上大致相同，因而可以进行全面的、多方位和不同层次的比较。通过比较便可真正看出究竟哪种社会制度优越。譬如 1980 年到 1985 年，我国国内生产总值年平均增长率为 9.8％，同期印度则为 5.2％。1985 年后，在总人口比印度多 2 亿的条件下，我国的人均国民生产总值为 310 美元，印度则为 270 美元。以 1987 年为

例，我国人均粮食生产量为 377 公斤，印度为 208 公斤；我国人均钢产量为 53 公斤，印度为 16 公斤；我国人均煤产量为 825 公斤，印度为 239 公斤；我国人均发电量为 457 度，印度为 254 度。以 1985 年为例，我国平均寿命为 69 岁，印度为 56 岁；我国人均日摄取热量为 2602 千卡，印度为 2169 千卡。所有这些方面，我国在世界的位次都在印度之前。

从上述的对比中，我们不难看出，社会主义制度确实比资本主义制度优越。但是，这里应当指出，各国人民奉行什么社会制度是各国人民自己的事，我们向来尊重各国人民自己的选择。各国人民在自己选择的社会制度下，经过一段历史时期的发展，所取得的成就也成了客观事实。用这些客观事实作比较，来分析哪种社会制度优越，这是一种正常的学术活动，因此，在这里我们丝毫没有对别国所奉行的社会制度说三道四的意思。

在进行两种社会制度的比较中，人们往往用西方工业最发达的国家同我国加以横向比较，似乎只有通过这种比较，才能使人相信社会主义到底有无优越性。我国同西方发达国家并不是不能在社会制度上加以比较，而是不能简单地进行比较。马克思主义告诉我们，分析社会问题，必须把问题提到一定的历史范围内，估计到同一历史时代这个国家不同于其他各国的具体特点，研究它发展的社会环境和进程，考察它发展的基础和起点。因此，首先应当看到我国同西方发达国家不是"条件大致相同的同类事物"，两者之间有许多不可比因素。如，西方工业发达国家发展资本主义已有350年的历史，已处于这种社会的最高阶段；我国社会主义建设仅有60多年的历史，现处于该社会的初级阶段。西方工业发达国家在1840年前后先后完成了产业革命，实现了工业化；而我国当时却正经历着由衰落的封建社会沦为半封建半殖民地社会的苦难时期。新中国成立时，西方工业发达国家的总人口不超过2亿；我国当时却有4亿多人口。如果不顾两者在社会发展的历史进程、经济发展的起点和基础以

及具体国情上的巨大差异，简单地用我国同西方发达国家现在的国内生产年平均总值、人均国民收入、人民的平均生活水准、科学技术的总体水平以及文化教育水平等方面加以比较，并以多少和高低论社会制度的优劣，不仅是不公正的，而且也无科学性可言，比较后得出的结论也是不能令人信服的。正确的比较，必须把我国与西方发达国家提到一定的历史范围内，抛开不可比因素，寻找可比因素，加以比较。在可比因素中，生产力发展速度的对比是最具有意义的。一方面，生产力的发展速度具体表现为经济的增长速度。经济增长速度的比较，可以剔除许多不可比因素，具有较大的科学性。因为我国与西方发达国家的增长速度，是选定相同的历史时期为比较期，都以各自在本期初的水平与本期末的结果相对比计算出来的，然后再比较谁在这一历史时期内增长得快。另一方面，社会生产力发展速度的快慢，是衡量任何一种社会制度优越与否的最高标准。我国的生产力和科学技术的总水平、人均国民收入、人均国民生产总值以及国民经济的现代化等方面还远远落后于西方发达国家。但是，历史已经证明，只要我们坚持"一个中心，两个基本点"的基本路线，充分发挥社会主义的优越性，我国同发达国家的上述差距必将逐步缩小。

以上无论我国同国情相似的发展中国家相比较，还是同国情有着极大差异的发达国家相比较，都不难看出，社会主义比资本主义能更有力地推动社会生产力的发展。因此，我们有充分的理由相信：社会主义比资本主义优越。

我们还要在社会主义和资本主义两种不同社会制度的比较中，注意两种不同社会制度在本质上的比较。任何一种社会制度都包含两个层次，即基本社会制度和具体社会制度。前者又包括基本经济制度、基本政治制度、基本法律制度以及占统治地位的意识形态等。基本经济制度是社会生产关系的总和，它主要包括生产资料所有制的形式，各社会集团在生产中的地位和相互关系的性质，社会产品的分配形

式。基本经济制度是社会的经济基础，它决定该社会的上层建筑，反映社会的本质。具体社会制度又称管理体制，是社会各种管理制度、管理形式和管理方法的简称。它是社会基本制度的表现形式，是为基本制度服务的。基本社会制度与具体社会制度相比，前者是社会内在的、本质的和相对稳定的属性，后者则是外在的、非本质的和可变的属性。因此，我们在对两种社会制度作比较时，应当透过具体社会制度，在基本社会制度上进行对比才是科学的。

根据上述原则并用马克思主义世界观来看，与社会化生产力相适应的，为社会绝大多数人所公有并为之谋利益的社会主义生产资料公有制，比与社会化大生产相矛盾的，为社会极少数剥削者所占有并为之谋私利的资本主义生产资料私有制要好。社会主义社会中，人民当家作主，相互间保持着平等互助合作的同志关系，比资本主义社会中资本家主宰工人命运，工人处于被剥削的无权地位，人与人之间是赤裸裸的金钱关系要好。社会主义个人消费品分配实行"各尽所能，按劳分配"的原则，并追求共同富裕的目标，比资本主义那种按资分配，劳者寡获，整个社会贫富悬殊要好。从两种社会的基本政治制度上看，我国是工人阶级领导的以工农联盟为基础的人民民主专政的社会主义国家。人民代表大会制是我国人民民主专政政权的组织形式，是我国的根本政治制度。这种政治制度的实质是广大工人、农民、知识分子成了社会的主体，主宰国家的命运，享有真实的民主和权利，并对少数反社会主义的人实行专政。由于我国的人民代表大会制度是体现人民当家作主、行使管理国家权力的政治制度，所以，它能确保国家的长治久安、社会稳定并为经济的繁荣昌盛创造良好的国内环境。我国社会主义这种根本的政治制度，是西方资本主义国家的根本制度所不可比拟的。西方发达国家实行的所谓"多党政治"、"议会政治"，从外观上给人造成了民主、平等的假象，但其本质则是资产阶级专政，是金钱政治、金钱民主。西方国家的"多党制"实际上是资产

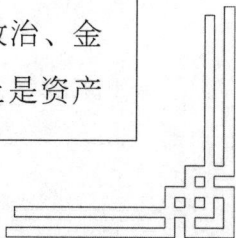

阶级内部不同垄断财团的别称，无非是保护和巩固资产阶级私有权和统治地位的工具。虽然各政党之间也有矛盾，但说到底也只是剥削利益分配比例上的纷争，以及究竟本阶级中由什么样人在议会里代表自己利益的问题。他们在剥削和压迫劳动者问题上，从来都是狼狈为奸的。西方议会中的议员以及总统候选人，要么本人是富翁，要么背后有垄断财团的金钱支持，而没有一个是雇佣工人，因为他们没有巨额的金钱。在美国竞选众议员要耗资数十万美元，竞选总统则要花费几千万甚至上亿美元。普通公民的"民主权利"，仅仅是在对自己有较大祸害和较小祸害的资产阶级政客中作出选择，并使他们披上合法的外衣。西方国家的"多党制"、"议会制"，已经实行了三百多年，但是，其天下仍是资产阶级的天下，无产阶级仍然是受剥削者和受压迫者，这正是其政治制度本质的真实写照。

不可讳言，我国的政治制度还有许多方面不够完善，在某些具体制度上还不规范，但从

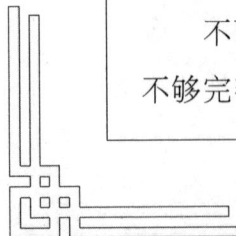

马克思主义观点来看是不难理解的。因为政治是经济的集中表现，由于我国还处于社会主义初级阶段，经济和文化还很落后，这必然制约着我国政治体制的改革步伐。应当看到，我国政治体制改革现已取得了巨大的成就。随着我国经济实力的进一步增强，我国社会主义政治制度必将日臻完善。

我们要在社会主义和资本主义两种不同社会制度的比较中，坚持阶级分析的观点。剥削阶级作为阶级在我国已经被消灭，但阶级斗争作为一种社会现象在一定范围内还将长期存在下去，因此，在分析某些社会问题时还不能没有阶级分析的观点。当我们在认识和分析重大国际问题时，必须把阶级分析的观点放在重要的位置。因为我们这个世界不仅存在着不同社会制度国家的对立，穷国与富国的对立，而且资本主义国家内还存在着剥削阶级与被剥削阶级的对立。少数几个发达国家总想主宰别国命运称霸全球，世界并没有充满着爱。因此，用马克思主义的阶级分析观点来看，世界上的国

家可分为无产阶级专政国家和资产阶级专政国家。他们奉行的社会制度必然具有鲜明的阶级性。譬如，我国目前的经济实力还大大落后于某些西方发达国家，但这种差别不是社会主义制度造成的，一是由于我们从旧中国接收来的经济遗产是极其可怜的；二是我们社会主义国家发展经济的途径，只能依靠广大人民艰苦奋斗，勤俭建国，逐步积累，协调发展，而不能采用西方发达国家那种残酷剥削本国人民，用战争和不平等贸易等恶劣手段长期掠夺殖民地、半殖民地国家人民的途径来致富。又如，我们比较我国同西方发达国家的收入分配时，既要看到差异，又要具体分析差异的各种原因。同时，还要看到西方发达国家的资本家和工人并不是一样富。由于世界上客观存在着社会主义和资本主义两种不同的社会制度，人们对两者的比较就成了自然的和经常的事。但在比较中始终存在用什么世界观和方法论作比较的问题以及比较的具体方法是否科学的问题。只要我们坚持马克思主义的世界观，同时注意

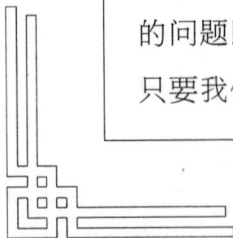

比较的科学性，就不难得出社会主义比资本主义优越的结论。同时还应当看到，我国社会主义的优越性现在还仅仅是初步的发挥，只要我们坚持"一个中心，两个基本点"，坚持这条基本路线一百年不动摇，艰苦奋斗若干年，抓住时机，发展自己，坚持两手抓，搞好社会主义两个文明建设，我国的社会主义伟大事业必将写出更加灿烂的篇章，社会主义优越性必将得到世界人民的公认。

（三）在中国的具体体现

十月革命一声炮响，在给中国人民送来马克思主义的同时，也开辟了人类历史的新纪元，从而向中国人民展示了革命的新道路和前途。十月革命后，苏维埃政府声明放弃沙俄在中国的权益，这对于深受列强欺凌之苦的中华民族而言，不啻为一种福音，社会主义对中国

人的吸引力也愈加突出了。就连当时反对马克思主义的人也不得不承认："社会主义在今日中国，仿佛有雄鸡一唱天下晓的情景。"这一阶段，所论述的社会主义优越性基本上是在初步学习认知基础上的对马克思主义经典作家既有结论的直接传播。

中国共产党创造性地解决了中国这个东方大国如何走上社会主义道路这个历史性课题。在批判右的"两次革命论"和"左"的"一次革命论"的同时，毛泽东指出：新民主主义革命和社会主义革命是两个既区别又联系的、必经的、连续的文章的上下篇，而"1949 年中华人民共和国建立，标志着新民主主义革命阶段的基本结束和社会主义革命阶段的开始"。面对"中国革命的全部结果：一方面有资本主义因素的发展，另一方面有社会主义因素的发展"，针对社会主要矛盾转变为资本主义道路与社会主义道路的新情境，社会主义制度的选择和确立，成为新中国成立后不可回避甚至是迫在眉睫的课题，而"在中国实现社会主义是

中国共产党从创立起就确定的奋斗目标"。与前一时期的马克思主义认同、选择相比较,由书面理论转为实践的社会主义优越性,更多地着眼于现代化的制度确立和路径选择,其核心内容是制度优越性基础上的社会主义改造的紧迫性、必要性和可能性,其意义和价值恰如党的十六大报告所指出的那样,"新中国成立后,我们党创造性地完成了由新民主主义到社会主义的过渡,开始了在社会主义道路上实现中华民族伟大复兴的历史征程"。

一方面,以突出社会主义改造的必要性、重要性为中心,以苏联成功实践、自身局部执政的经验和国民党统治下中国的衰败为观照的社会主义优越性的核心视野,这是中国立场下的国家富强、人民富裕的阶段性新任务。其一,苏联现代化建设的巨大成就印证和增强了社会主义优越性的现实说服力。以计划经济为基本手段,集中人力物力财力,苏联到1938年工业产量就已跃居欧洲第一位,仅次于美国居世界第二位。在第二次世界大战中,社会主

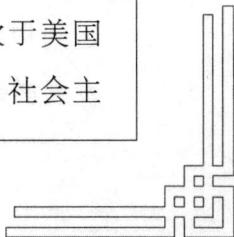

义苏联作为决定性力量为反法西斯战争的胜利作出了不可磨灭的功绩。战后，苏联积极支持民族解放运动的发展，先后帮助100多个国家宣告独立，推动了帝国主义殖民体系的彻底崩溃。这些都初步显示了社会主义制度的优越性和生命力。世界上第一个社会主义国家在较短的时间内取得的经济、社会发展的成就，充分显示了社会主义制度的优越性，对于包括中国人民在内的世界各国人民必然产生强烈的示范效应。而且，作为第一个与新中国建交的国家，苏联奉行对华友好政策，并提供了诸多重要帮助，"当时只有社会主义国家和战后为独立而斗争的国家同情中国，只有苏联能够援助中国，这种援助在中国的第一个五年计划中占有十分重要的地位"。对比鲜明的是，"在这个世界上，所有帝国主义都是我们的敌人"。其二，资本主义道路在中国行不通的历史教训是社会主义制度选择的历史基础。关于新中国的走向和前途，结合现实条件，总结近代以来的发展道路及经验教训，以毛泽东为代表的中国共产党人作出了一以贯之的回答："我们不搞资本主义，这是定了的。"一则，历史经验一再昭示："资产阶级共和国方案外国有过的，中国不能有。""首先是国际资本主义即帝国主义不允许，帝国主义侵略中国，反对中国独立，反对中国发展资本主义的历史，就是中国的近代史。"因而"我国只有社会主义这条唯一的光明大道可走，而且不能不走，因为这是我国历史发展的必然规律"。二则，"人们提出这样一个问题，如果中国不搞社会主义，而走资本主义道路，中国人民是不是也能富裕起来，中国是不是也能翻身？让我们看看历史，国民党搞了二十几年，中国还是半殖民地半封建社会"，"工业几乎等于零，粮食也不够吃，通货恶性膨胀，经济十分混乱"。因而，"一旦中国抛弃社会主义，就要回到半殖民地半封建社会，不要说实现小康，就连温饱也没有保证"。再则，新中国成立初期，资本主义工商业的迅速发展，加剧了它们与政府、国营经济乃至社会的矛盾。特别是"五反"运动暴露的

情况，使"人们开始认识到，资本主义不仅需要改组，而且需要通过国家资本主义的过渡形式逐步改造为社会主义"，因为"资本主义道路，也可增产，但时间要长，而且是痛苦的道路"。

另一方面，确立社会主义制度的目的在于探寻民族复兴的新路。作为新民主主义革命标志性成果的新中国的成立，使得国强民富取代民族独立和人民解放，成为中国共产党面临的新的阶段性任务，也就是"在新民主主义的政治条件获得之后，中国人民及其政府必须采取切实的步骤，在若干年内逐步地建立重工业和轻工业，使中国由农业国变为工业国"。这是一个全方位的建设工程，"我们不但要把一个政治上受压迫、经济上受剥削的中国，变为一个政治上自由和经济上繁荣的中国，而且要把一个被旧文化统治因而愚昧落后的中国，变为一个被新文化统治因而文明先进的中国"。新中国具备了走社会主义道路的诸多条件。党的七届二中全会正确分析了当时中国的社会实际，指出现代性工业只占国民经济比重大约10％，但生产力落后的农业国的现状并不能否认社会主义实现的可行性，反而恰恰强化了确立社会主义的必要性。毛泽东接着指出："首先制造舆论，夺取政权，然后解决所有制问题，再大大发展生产力，这是一般规律。""从世界的历史来看，资产阶级工业革命，不是在资产阶级建立自己的国家以前，而是在这以后……当然，生产关系的革命，是生产力的一定发展所引起的。但是，生产力的大发展，总是在生产关系改变以后。"而且，"当时中国有了先进的无产阶级的政党，有了初步的资本主义经济，加上国际条件，所以在一个很不发达的中国能搞社会主义"。由于社会主义具有集中力量办大事、促进社会生产力迅速发展的优越性，对于中国这样一个经济文化落后的国家来说，通过社会主义道路实现国家工业化，这是最好的选择，因而也是唯一正确的选择。"合作化后，组织起来的农民自己动手搞水利。人还是那些人，但组织起来力量就大得多，积

肥、改良农具和种子、改进耕作技术等以前不易办的事,合作化之后都不难了。"事实上,通过实行农业合作化来增产粮食和其他农产品以满足日益增长的人民生活和工业发展的需要,也是中国选择社会主义的基本因素之一。总之,"社会主义改造的基本完成,社会主义制度的全面确立,是我国历史上最深刻、最伟大的社会变革,成为新中国一切进步和发展的基础","给我们开辟了一条到达理想境界的道路"。

再一方面,以社会主义改造为基本路径建立的中国社会主义初步地展示了其优越性。一则,生产力的高速发展、社会面貌的迅速改善和人民生活的有效提高,是这一时期社会主义优越性的主流和主要现象。在全面建设社会主义的实践中,"社会主义制度促进了我国生产力的突飞猛进的发展,这一点,甚至连国外的敌人也不能不承认了"。全国人大五届二次会议的《政府工作报告》也指出:"我国国民经济在这段时间里的发展速度,不但为旧中国所望尘莫及，也高出同时期的许多资本主义国家。这种发展速度固然与我们原来的基础低有很大关系，但它无论如何是社会主义制度优越性的一个证明。"二则，这一时期的曲折与失误压抑了社会主义的优越性。历史的辩证法是，"任何新生事物的成长都是要经过艰难曲折的，在社会主义事业中，要想不经过艰难曲折，不付出极大努力，总是一帆风顺，容易得到成功，这种想法，只是幻想"。所以，在看待社会主义的优越性上，"我们不要迷信，认为在社会主义国家里一切都是好的"。事实上，从 1957 年到 1966 年"这十年中，党的工作在指导方针上有过严重失误，经历了曲折的发展过程"；"一九六六年五月至一九七六年十月的'文化大革命'，使党、国家和人民遭到建国以来最严重的挫折和损失"。因此，尽管从国家发展来看，"我们还是在三十年间取得了旧中国几百年、几千年所没有取得过的进步"，但是从人民生活来看，"我们干革命几十年，搞社会主义三十多年，截至一九七八年，工人的

平均工资只有四十五元，农村的大多数地区仍处于贫困状态"，社会主义优越性受到严重压抑。历史的一个重要教训就是"空讲社会主义不行，人民不相信"，必须摆脱单纯从制度本身来抽象理解社会主义优越性的方法，必须反对用抽象的、理论上的社会主义优越性来剪裁现实。

改革开放以来，基于中国特色社会主义道路的实践展现了社会主义优越性。在实质层面，邓小平一度把优越性等同于社会主义的本质，认为社会主义优越性的体现就是社会主义本质的实现，如果不能表现出应有的优越性，这种社会主义就没有价值，就不是真正的社会主义。因而，要求在坚信社会主义优越的同时，必须准确把握现实的社会主义已发展到何种程度、处于哪个阶段，而且，在不同发展阶段，要用不同的政策使社会主义的优越性不断发挥出来。

一方面，准确定位于社会主义初级阶段这个最大的国情，来阐述社会主义的优越性。新时期，依托于社会主义本质论和社会主义初级阶段理论，中国共产党人从社会主义初级阶段这个最大的实际出发，立足于不发达性、长期性和发展性，科学阐述初级阶段社会主义中国的现实优越性。"现在有一些人散布所谓社会主义不如资本主义的言论，一定要彻底驳倒这种言论。"但"社会主义比资本主义优越不只是名词好听"，"我们说的社会主义是具有中国特色的社会主义"，是现在处于并将长期处于社会主义初级阶段的社会主义，是"不够格"的社会主义，是兴旺发达具有蓬勃生机的社会主义，是中国特色的社会主义，这是新时期中国共产党认识、定位和实践社会主义优越性的基石。这样，改革开放以来，以邓小平为核心的第二代领导集体，以社会主义初级阶段为基础和依据，不但正确地纠正了包括"文化大革命"在内的"左"倾错误，而且摆脱了之前超越阶段、脱离实际、渐行渐远的对社会主义优越性的理解和宣传。社会主义优越性不仅是理论信念问题，更是又好又快的实践路径和方法

问题。新时期的社会主义优越性思想，包含了基于经典作家科学社会主义原理关于社会主义优越性的基本精神和核心内容，增添了以往社会主义实践中积累的社会主义优越性的理性认识和成功经验，更重要的是奠定了摆脱空想、僵化的坚实基础，找到了准确的支点，明确了科学的内容，以初级阶段基本路线、基本纲领为框架找到了现实路径，即制定并坚定不移地贯彻执行基本路线这一党和国家的生命线、人民群众的幸福线。

社会主义制度优越性的发挥，必然要经历若干不同的历史发展阶段。社会主义初级阶段的长期性和从不发达到基本实现现代化的整体变迁过程，历经不同阶段，呈现不同特征。社会主义的阶段性特征也必然体现在优越性上，随着社会主义初级阶段的发展和逐步成熟，"三步走"发展战略中温饱、小康及全面小康和基本实现现代化等重要目标和战略节点的不断实现，社会主义优越性也自然而然地展现和实现，从二位一体到三位一体、从四位一体到五位一体，物质文明、精神文明、政治文明、社会文明和生态文明进入优越性范畴，让人民过上有尊严的生活，满足人民过上美好生活的新期待成为中国特色社会主义优越性的新内涵。

另一方面，要从"五位一体"现代化格局中看中国特色社会主义优越性。"要证明社会主义真正优越于资本主义，要看第三步，现在还吹不起这个牛。"因为处于初级阶段的"不够格"的社会主义，还不能显示出对于当代资本主义的整体显著优势，但"我们一定要，也一定能拿今后的大量事实来证明"，最主要的事实就是"五位一体"的中国特色社会主义现代化。物质文明层面是优越性的根基，因为"社会主义制度优于资本主义制度，这要表现在许多方面，但首先要表现在经济发展的速度和效果方面"。在规模上，紧紧抓住经济建设这个中心，保持国民经济持续快速增长，综合国力大幅提升，总量跃居世界第二；在发展方式上，以科学发展为主题，以经济发展方式转

变为主线，坚持以人为本，以"两个坚持"和"三个转变"推动经济实现全面、协调、可持续发展；在制度创新上，以社会主义市场经济为经济体制改革的根本取向，不断破除不利于生产力发展的体制机制障碍，公有制为主体、多种所有制经济共同发展的基本经济制度已经形成。政治文明层面是优越性的保障。"不能搞西方的那一套，社会主义国家有个最大的优越性，就是干一件事情，一下决心，一做出决议，就立即执行，不受牵扯……就这个范围来说，我们的效率是高的，我讲的是总的效率，这方面是我们的优势，我们要保持这个优势，保证社会主义的优越性。"把人民民主定位为社会主义的生命，坚持把党的领导、人民当家做主和依法治国统一起来，始终把政治体制改革摆在改革发展全局的重要位置，社会主义民主制度不断健全，社会主义民主形式不断丰富，中国特色社会主义法律体系基本形成，民主执政、科学执政、依法执政不断推进，社会主义民主政治展现出旺盛的生命力。精神文明是优越性的灵魂。"我们为社会主义奋斗，不但是因为社会主义有条件比资本主义更快地发展生产力，而且因为只有社会主义才能消除资本主义和其他剥削制度所必然产生的种种贪婪、腐败和不公正现象"；"有了共同的理想，也就有了铁的纪律。无论过去、现在和将来，这都是我们的真正优势"。以满足人民日益增长的精神需要和保障人民的文化权益为目标，从社会主义精神文明建设到发展社会主义先进文化，再到社会主义核心价值体系，以文化体制改革为动力，大力发展文化事业和文化产业，人民享有越来越丰富的精神文化生活，社会主义文化繁荣发展。社会和谐是优越性的归宿。"共同致富，我们从改革一开始就讲，将来总有一天要成为中心课题。社会主义不是少数人富起来、大多数人穷，不是那个样子。社会主义最大的优越性就是共同富裕，这是体现社会主义本质的一个东西。"坚持以人为本，从"四个多样化"带来的社会结构和社会关系的变化出发，积极构建社会主义和谐社会，以

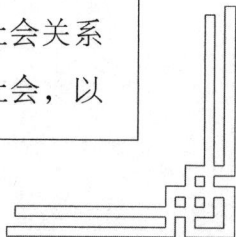

民生优先为发展理念，加快推进以改善民生为指导的社会建设，教育、就业、收入分配、社会保障、医疗和社会稳定等一系列民生工程扎实推进，使改革发展成果更多更公平地惠及全体人民。生态文明是优越性的体现。坚持环境保护的基本国策，贯彻可持续发展战略，正确处理经济发展与人口、资源、环境的关系，树立尊重自然、顺应自然、保护自然的生态文明理念，努力建设美丽中国，一定能实现中华民族永续发展。

再一方面，从世界现代化发展道路看中国特色社会主义优越性。中国特色社会主义以优越性显示出独特理念和特征，展现了不同于西方发展模式的独特价值。坚持走和平发展道路，成为中国特色社会主义优越性的重要因子。邓小平明确指出："我们搞的是有中国特色的社会主义，是不断发展社会生产力的社会主义，是主张和平的社会主义。"改革开放以来，充分利用两个市场、两种资源，打破"国强必霸"的大国崛起传统模式，展现了一条新的现代化大道，我国在全球政治经济格局中的地位大幅上升，已成为世界第一大贸易出口国、第二大贸易进口国和外商直接投资流入国、第五大对外投资国和最大新兴市场。中国特色社会主义是在僵化社会主义模式走向衰落、世界社会主义运动处于低潮、资本主义道路在全球的影响力日益扩大的时代背景下，独立自主开辟出来的一条经济文化落后的人口大国通向现代化和民族伟大复兴之路。中国顺应世界求和平、谋发展、促合作的时代潮流，不迷信于西方发展理论、不盲从于西方发展道路，以独创性的"中国模式"或"中国道路"，以其业已显现的优越性，为发展中国家的现代化道路提供了新的启发、思路和道路，正在深刻影响着世界，使大多数国家开始反思"华盛顿共识"，认识到世界上还有不同于西方的发展道路，开始打破崇拜，开始独立思考，从学习中国特色社会主义中探寻新的发展道路和模式。

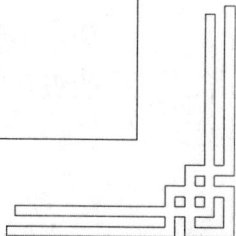

五、社会主义本质论的重要意义

（一）马克思主义的重大发展

在马克思主义理论中国化的过程中，社会主义本质理论具有特殊的历史价值。它突出表现在推动中国共产党人的社会主义理论创新、社会主义制度创新、社会主义价值观创新方面的极具革命性的作用上，推动了马克思主义的

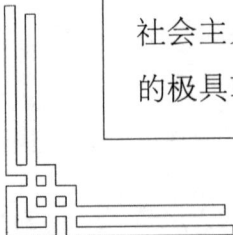

重大发展。

20 世纪末，经过近一个世纪的社会主义实践和近半个世纪的中国社会主义实践，社会主义理论与实践在取得重大的成就、创造了人类文明发展的奇迹之后，面临着关乎社会主义生死存亡的创新社会主义理论的任务。应当说，列宁、斯大林、毛泽东等都继承了科学社会主义关于未来社会的基本原则，但是由于对社会主义革命成功的过高评价，社会主义在实践中一度忽视了其现实基础的特殊性，即它是在生产力水平和经济文化相对落后、带有浓厚封建残余的社会基础上形成的。20 世纪后半期，实践中的社会主义理论的教条主义、不切实际的超越阶段的空想以及僵化的倾向越来越严重。20 世纪后半期社会主义理论创新的任务，从根本上说，是要解决在很长时期内没有解决好的在经济文化较落后的国家如何认识和建设社会主义的问题，继续解决好对社会主义的科学认识和将社会主义放在现实的基础而不是思辨的基础之上的问题。

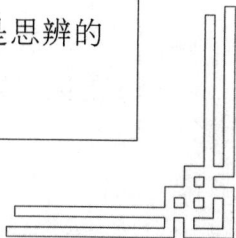

邓小平的社会主义本质论，首先恢复了马克思主义从生产力角度看待人类社会发展和社会形态存在的依据。社会主义作为人类社会的一个必经的历史发展阶段，和历史上任何社会形态一样，其存在的前提和基础都是解放生产力和发展生产力，如果哪种社会形态不能解放生产力和发展生产力，它就将成为历史的过去；如果哪种社会形态的产生和存在不是以解放生产力和发展生产力为条件和基础的，历史的发展就将纠正其航向。邓小平的社会主义本质论，针对现实社会主义特别是中国的社会生产力状况，明确了坚持和发展社会主义的根本任务是解放和发展生产力，舍此，社会主义就无从谈起；针对离开生产力发展的基础、硬要把社会生产力高度发展后才能做到的事情拿到现在来做的倾向，明确了社会主义发展过程的长期性和阶段性，实际指出了由于解放生产力和发展生产力的条件和客观要求不同，社会主义发展过程与发展结果必然是既有联系又有质的区别的，社会主义根本制度与社会主义不同发展阶段的制度体制也必然是既有联系又相互区别的，强调了社会主义本质的实现要经过一个相当长的过程。社会主义本质理论正是以对经济文化较落后国家建设社会主义的规律性的这些重大发现为基础，形成了社会主义初级阶段的一系列理论和社会主义与市场经济可以结合的创新认识。邓小平在 20 世纪最后十年实现了对现实社会主义理论模式和实践模式的重大创新，对经济文化落后国家社会主义建设的规律性作了全新的揭示。邓小平的社会主义本质论，把社会主义从空想重新拉回到现实中来，从而超越了传统社会主义的理论误区和局限，为中国的社会主义建设提供了科学的理论指导，极大地推动了中国社会主义的实践，开创了中国特色社会主义发展道路。

20 世纪后半期，苏联模式已陷入深刻的危机。从 20 世纪 50 年代起，潮起潮落的社会主义国家的改革都试图突出重围，但除中国外都未成功。其根源在于所有这些改革基本上没有突破既有的社会主义理论和观念，几乎都是在

原有体制框架内进行的。高度集中的计划经济体制和政治经济制度，虽然在一定时期适应了早期社会主义发展的内外环境和要求，但在社会主义转入正常发展期和世界发生重大变化后，其严重脱离现实生产力的发展要求和同世界经济及文明发展相互隔离的特性，就面临着根本变革的要求，社会主义体制的转变已成为历史的呼唤。邓小平的社会主义本质理论，从解放和发展生产力的社会主义本质要求出发，重新认识了以往关于社会主义诸特征与社会主义本质的关系，真正为社会主义体制的根本变革提供了根据。社会主义本质论从价值与手段结合的角度揭示了社会主义最本质的东西，由此指出了计划经济与市场经济不是社会主义与资本主义的根本区别，也指出了脱离生产力发展水平追求一大二公、单纯的公有制经济和平均主义分配，包括追求纯粹的按劳分配，仅是一种"贫穷的社会主义"，它同科学社会主义相距甚远。按照邓小平的社会主义本质理论，社会主义初级阶段即不发达阶段。"现在虽说我们也在搞社会主义，但事实上不够格。"如何够格，最根本的就是大力解放和发展生产力，为此必须突破把社会主义与市场经济相对立的传统观点，突破单一所有制的传统观点，由此实现对传统社会主义制度模式的真正超越。邓小平从中国这个较落后国家建设社会主义的实践视角，阐发社会主义本质，从而得出现阶段商品、货币、竞争、多种所有制形式乃至一定范围内剥削的存在，是社会主义的本质内涵所容许的。这就大大增强了社会主义的包容性。邓小平的社会主义本质论不仅为社会主义市场经济改革提供了理论依据，而且为建立、完善社会主义市场经济体制提供了理论依据。从中国改革的实践看，社会主义本质理论的正式提出，为全党在计划与市场、公有制与多种经济的关系等方面突破传统体制和观念的束缚，统一思想，提供了锐利武器，也为最终确立社会主义市场经济体制改革目标铺平了道路。从这个意义上讲，邓小平的社会主义本质理论，就是推进社会主义改革和开放的理论，

是推进社会主义制度创新的理论，是中国特色社会主义新体制的"催生婆"。

人类的一切现实活动都是以某种特定的价值为取向的。科学社会主义学说体现了马克思主义所特有的历史观与价值观的内在一致性。科学社会主义之所以是科学，就在于它是以生产力这一人类社会发展的终极动因为出发点，揭示了社会主义代替资本主义的历史必然性，揭示了这一代替符合人类社会发展的客观规律，同时也符合人民群众的根本利益；它不但是社会生产力的客观发展要求之必然，也是生产力的主体——人民群众的利益要求之必然。这是人类历史价值和历史规律的统一，也是社会主义具有强大而持久的生命力的根本所在。

在20世纪社会主义的实践中，同苏联模式相联系的传统社会主义，虽然在总体上继承了科学社会主义人类历史价值与历史规律统一的基本精神，但在社会主义价值观上也出现了某些重要偏离。特别是在把苏联模式凝固化的20世纪后半期，满足人民群众利益、追求美好

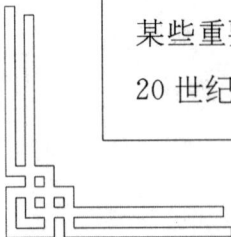

生活的价值追求和社会主义消灭剥削、实现平等和公正的价值追求被割裂开来，实现社会平等和社会公正的目标与遵循人类历史发展的客观规律也被割裂开来，脱离生产力发展的现实基础，把社会主义变成了超越时空的抽象价值原则加以固守。在"左"的错误进一步发展的情况下，这种传统社会主义价值观甚至走向更加极端的地步，完全忽略客观历史进程和经济社会发展规律，去设定执政的共产党以至全社会的当前价值目标，其结果只能是"伤了社会主义的本质"。这也导致了社会主义价值目标的空洞化、口号化、虚无化，离人民群众的实际生活和实际利益的满足越来越远，日益脱离群众。

邓小平的社会主义本质理论，恰恰从中国社会主义初级阶段的基本现实出发，将维护和实现人民群众利益的价值追求与当代社会主义的现实基础和中国社会现实生产力的发展要求结合起来。在当代中国，人民群众利益的最大价值追求，就是如何摆脱贫困，实现共同富

裕。所以，从价值观上看，正是人民群众仍然处于贫穷落后状态这样一种实际状况，为邓小平思考和解决什么是社会主义的问题提供了持久的激情和动力。摆脱普遍贫穷落后就意味着追求和实现共同富裕，这是对陷入误区的社会主义价值观的拨乱反正。由此入手，中国共产党在 20 世纪最后 20 年的改革开放中，完成了社会主义观的重大转换，由超越现实发展阶段的、空想色彩浓厚的价值追求转向更为实在的对人民幸福富裕生活和社会全面进步的发展目标的追求，这是中华民族经过几代人的努力完全可能实现的价值追求。共同富裕这一根本价值目标，既是邓小平社会主义本质理论的出发点和归宿，也是建构中国特色社会主义的目的和目标。

邓小平的社会主义本质论对社会主义价值观的重大发展，还表现在它在很大程度上纠正了过于突出对社会主义政治制度方面的价值追求、忽略对人的自身发展的关注的倾向，第一次从满足人的基本物质需求的角度和高度重视人的发展在社会主义基本价值中的核心地位，这也是我们必须充分认识的。社会主义本质理论体现了对人的发展的高度关注，强调"消灭剥削"、"消除两极分化"要具体体现在人民的"共同富裕"上，也就是说，人民成为国家和社会的主人、人与人之间实现平等，最终要体现为每个人都过上富裕美好的生活。它反映了在中国社会主义初级阶段人的全面发展的重点和特点，立足于 20 世纪 80 年代至 90 年代中国人民首先要解决温饱这一实际问题，创造性地发展了马克思主义以人的全面发展和解放为终极追求的社会主义价值观的本质。邓小平的社会主义本质论，是从解决中国这样不发达的国家如何建设社会主义、如何巩固社会主义的实际出发，从当代中国人如何摆脱贫困的利益需求出发，对传统社会主义理论、传统社会主义制度和传统社会主义价值观的扬弃和超越。以社会主义本质论为基石的邓小平理论，不仅对中国特色社会主义道路的开拓和建设，而且对当代社会主义理论和实践模式的发展、创新

和振兴，都具有重大而深远的影响。

（二）提升对社会主义的认识水平

"什么是社会主义，怎样建设社会主义"这个根本问题，深刻地揭示了社会主义的本质，把对社会主义的认识提高到新的科学水平。正因为如此，理论界普遍认为：邓小平理论的主题就是"什么是社会主义，怎样建设社会主义"。实际上，"什么是社会主义，怎样建设社会主义"这一问题，是邓小平在领导我国改革开放和社会主义现代化建设中一再提出和反复思考的一个根本问题。据粗略统计，在《邓小平文选》中，至少有 20 多次明确提出要弄清楚"什么是社会主义，怎样建设社会主义"的问题。他说："什么叫社会主义，我们过去对这个问题的认识不是完全清醒的。""社会主义是什么，过去我们并没有完全搞清楚。"

他还说："我们的经验教训有许多条，最重要的一条，就是要搞清楚什么是社会主义，如何建设社会主义这个问题。"事实上，我国社会主义在改革开放前所经历的挫折和失误，改革开放以来在前进中遇到的一些疑虑和困惑，归根到底都在于对"什么是社会主义，怎样建设社会主义"这个根本问题没有完全搞清楚。而党的十一届三中全会以来，我们从以阶级斗争为纲到以经济建设为中心，从封闭半封闭到改革开放，从计划经济到社会主义市场经济的历史性转变，也正是我们逐渐搞清楚"什么是社会主义，怎样建设社会主义"这个根本问题的进程和表现。

邓小平的社会主义本质理论，虽然也涉及"怎样建设社会主义"的问题，但它回答的主要是"什么是社会主义"的问题。因此，在学习邓小平社会主义本质理论时，应从"什么是社会主义"的角度出发，才能科学地阐明邓小平社会主义本质理论的重大意义和历史地位，才便于正确地理解和掌握邓小平社会主义理论

的精神实质。

邓小平的社会主义观，既是总结我国社会主义建设胜利和挫折的历史经验的基础上形成和发展起来的，又是在借鉴其他社会主义国家兴衰成败的经验教训的基础上形成和发展起来的，它的主要内容包括：作出了我国还处在社会主义初级阶段的科学论断，解决了我国社会主义的发展阶段问题；主张在坚持生产资料社会主义公有制为主体的前提下，以是否有利于生产力的发展为标准来观察和确定公有制的实现形式和所有制的总体结构；主张在保持和发挥社会主义的固有优势的同时，吸收和利用资本主义的一些有用的方法来发展社会主义的生产力，以坚持社会主义制度，赢得对资本主义的优势；针对 1957 年以来党内出现的阶段斗争扩大化的错误，重申在社会主义社会，阶级斗争还将在一定范围内长期存在，但已不再是主要矛盾，既反对把阶级斗争扩大化的观点，又反对认为阶级斗争已经熄灭的观点；主张在坚持人民民主专政的同时，发展和完善社会主义的民主和法制；强调社会主义国家必须适应经济发展和经济体制改革的需要，积极推进政治体制的改革等。他认为，像我们这样的经济文化较不发达的国家，在社会主义革命胜利后建立起来的社会主义社会，还处在社会主义的初级阶段。因为中国进入社会主义社会的历史条件和社会状况，决定了我国进入社会主义社会以后，还必须经历一个很长的初级阶段，去实现别的许多国家在资本主义条件下实现的工业化和生产的商品化、社会化、现代化。因此，我们制定一切方针政策都必须以社会主义初级阶段这个基本国情为依据，不能脱离实际，超越阶段。同时，他也否定了那种离开生产力的发展孤立地、抽象地看待公有制，认为公有制越大越公越纯就是社会主义的观点。他认为，我国生产力的落后和发展的不平衡，不仅决定了多种形式公有制的存在，而且还决定了各种非公有制的存在。因此，在社会主义初级阶段，既要坚持以公有制经济为主体，又应允许和鼓励多种经济成分共同发展，从而把公

有制为主体，多种所有制经济共同发展确定为我国社会主义初级阶段的一项基本经济制度。把党和国家的工作重心坚定不移地转到以经济建设为中心的社会主义现代化建设上来，大力发展生产力，逐步满足人民日益增长的物质文化需要，突破"市场经济只存在于资本主义社会，只有资本主义的市场经济"的传统观念的束缚，认为社会主义也可以建立市场经济，从而为党的十四大确立社会主义市场经济体制的改革目标奠定了坚实的理论基础。针对资本主义社会贫富两极分化的情况和社会主义国家搞平均主义、同步富裕的教训，主张经由一部分人和地区先富起来，最终达到共同富裕，以充分体现社会主义制度的优越性。根据社会全面进步的原则，坚持"两手抓，两手都要硬"的方针，主张在建设高度物质文明的同时，提高全民族的科学文化水平，发展高尚的丰富多彩的文化生活，建设高度的社会主义精神文明。

除此之外，邓小平社会主义观中最突出的一点就是他抓住"什么是社会主义，怎样建设

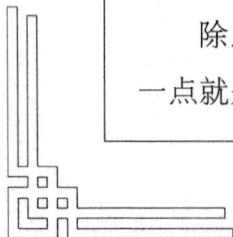

社会主义"这个最根本的问题，深刻地揭示了社会主义的本质，明确指出，社会主义的本质是解放生产力，发展生产力，消灭剥削，消除两极分化，最终达到共同富裕。由此可见，社会主义本质理论是邓小平社会主义观的主要内容。因此要深刻理解邓小平社会主义本质理论的重大意义，我们只有把社会主义本质理论放到邓小平的社会主义观中去理解，才能正确理解社会主义本质理论在邓小平理论中的历史地位，切实掌握社会主义本质理论的重大意义。

（三）指导社会主义建设实践

邓小平的社会主义本质理论是 20 世纪 90 年代初中国共产党在总结历史经验的基础上，从中国当时经济社会发展的现实出发，对"什么是社会主义"这一问题理性思考的结晶。当我们沿着邓小平开辟的道路继续推进中国特色

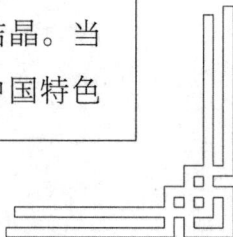

社会主义的伟大事业时，在我们全面建设小康社会的征程中，社会主义本质理论的基本内核仍然具有重大的时代价值与指导意义。

首先，社会主义本质理论中贯穿的认识社会主义的根本方法，对我们在实践中不断解决和深化"什么是社会主义和如何建设社会主义"的问题，具有根本的方法论意义。邓小平社会主义本质论的最大特征，是把社会主义的根本任务——解放和发展生产力，上升到社会主义的本质来认识。这不仅是理论上的创新，而且是认识社会主义的方法论上的创新，是马克思主义历史唯物主义在认识社会主义上的具体运用与发展。今天，中国特色社会主义仍处于不断实践、不断探索的过程中。立足于当代世界历史发展的现实，依据生产力的发展水平和要求，依据历史唯物主义揭示的人类社会发展规律，科学地理解和认识社会主义，始终善于把共产主义的最高理想与现阶段社会主义发展的本质要求既相联系又相区别，坚持以科学的态度对待社会主义，坚持在实践中对社会主义进行不懈的探索和追求，坚持并不断发展中国特色社会主义事业，仍是当代中国共产党人面临的新的时代课题和历史使命。从一定意义上说，"三个代表"重要思想之所以成为当代马克思主义在中国发展的最新成果，就是因为它充分体现并创造性地运用了邓小平社会主义本质论中关于社会主义与先进生产力之间的本质联系的思想，坚持并创造性地运用了历史唯物主义这一根本方法论，继续深化我们对社会主义和中国特色社会主义的认识的结果。社会主义需要我们用科学的态度去对待和追求，只要社会主义的历史任务未完成，中国特色社会主义事业尚未取得真正的最后的成功，对社会主义认识的任务就不会终结，社会主义本质理论中体现的得来不易的认识社会主义的科学方法，就仍具有重要指导意义。另外，从方法论的角度看，社会主义本质理论所充分体现的对社会主义认识的辩证法，即将社会主义看作为一个发展过程，社会主义本质的实现也是一个过程，也是极有价值的方法。它实际指出了社

会主义发展过程与发展阶段既相区别又相联系、根本制度与不同阶段的基本制度体制既相联系又相区别，这也仍是我们今天认识、探索社会主义的基本方法。正是由此出发，邓小平强调要坚持社会主义的根本制度，"过去行之有效的东西，我们必须坚持"，如坚持以公有制为主体、以按劳分配为主体，坚持人民代表大会制、共产党领导的多党合作制等，同时又要把握根本制度在不同发展阶段的差异性。这就为我们今后坚持不断地解放思想，大胆创新，继续深化社会主义改革，提供了不竭的理论动力和依据。

其次，社会主义本质理论所体现的基本思想，对于我们今天认识时代的要求与把握现实国情，继续解决好如何建设社会主义的问题，并以此推进中国特色社会主义，仍具有重要的时代价值。社会主义本质理论将解放和发展生产力置于实现社会主义本质的首要前提的思想，对当代社会主义的生存、发展和振兴，特别是对全面建设小康社会目标的实现，仍具有根本的指导意义。当人类社会进入新世纪时，社会主义在世界范围内仍然处于低潮的情况并没有改变，社会主义如不能和先进的生产力相结合，同日益全球化和高度社会化的世界经济相结合，同人类文明发展趋势相结合，其复兴和振兴就无从谈起。在中国，中国特色社会主义的继续发展和成功，也仍然要靠持续的发展，首先是生产力和经济的发展。应当说，经过30多年的改革开放，中国社会经济面貌已经发生了深刻的历史性变化：国民经济持续快速发展，国家经济实力显著增强，人民生活在20世纪80年代基本解决了温饱问题，90年代又由温饱达到小康。但经济文化落后的状况并没有根本改变，现在达到的小康还是低水平的、不全面的，发展很不平衡。正因为如此，人民日益增长的物质文化需要同落后的社会生产之间的矛盾仍然是我国社会的主要矛盾。大力解放和发展社会生产力，对我们这样一个发展中大国加快实现现代化具有重大战略意义。正如胡锦涛同志所说，只有坚持以经济建设为

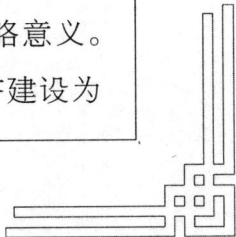

中心，不断增强综合国力，才能更好地解决前进道路上的矛盾和问题，胜利实现全面建设小康社会和社会主义现代化的宏伟目标。因此，全党全国都要增强促进发展的紧迫感，在任何时候任何情况下都要紧紧抓住经济建设这个中心不放松。社会主义本质理论将共同富裕作为当代中国社会主义建设的根本目标并揭示了实现这一目标的发展规律，为21世纪中国共产党人全面建设小康社会提供了根本指南。在当代中国，"最终达到共同富裕"科学地展现了最高纲领与社会主义初级阶段基本纲领之间的有机统一，是新世纪中国共产党人在社会主义市场经济条件下必须始终牢记的根本目标，也是中国共产党人把发展作为执政兴国第一要务的根本目的和庄严责任。"三个代表"重要思想对邓小平理论的继承与发展，很重要的一条就是在这一点上突出了党对人民根本利益的代表。党的十六大提出的全面建设小康社会的宏伟目标，也是沿着邓小平这一理论在实践和理论上作了新的扩展。坚持共同富裕的原则，就是要在全面建设小康社会的过程中，高度重视绝大多数人的富裕和发展问题。应当充分认识到，全面建设小康社会的时期将是我国社会经济发展和人民生活水平迅速提高的时期，同时也是我国经济社会结构发生深刻变化的重要阶段，是极易出现严重失衡和问题的阶段。许多国家的发展进程与经验表明，在这一阶段，搞得好，经济社会将继续向前发展，顺利实现工业化、现代化，同时实现多数人的富裕生活；搞得不好，就会出现贫富悬殊、失业问题严重、城乡和地区差距拉大、社会矛盾加剧、生态环境恶化等问题，导致经济社会发展长期徘徊不前，甚至出现社会动荡和倒退。当前我国社会经济发展面临着诸多在经济快速发展同时积累的矛盾与问题，如就业和社会保障压力增加，教育、卫生、文化等社会事业发展滞后，人口增长、社会贫富分化加速。邓小平的社会主义本质理论为我们解决前进道路上面临的矛盾和问题，顺利推进全面建设小康社会和整个现代化事业，提供了正确的指导思想。

　　在全面建设小康社会的过程中，社会主义本质理论也为我们提供了正确处理和对待当前发展中出现的社会分化问题的科学方法。社会主义本质理论揭示了实现共同富裕必然要经历从有较大差别到逐渐缩小差别，从允许并鼓励一部分人和地区先富到逐步走向共同富裕的中国社会主义的发展规律；实现共同富裕是社会主义的根本特征，是社会主义的最大优越性；实现共同富裕的前提是解放和发展生产力；实现共同富裕的道路只能是一部分地区、一部分人先富裕起来，先富裕起来的地区和人们带动越来越多的地区和人们富起来，这是实现共同富裕的捷径；对于在实现共同富裕过程中出现的问题，要从大局出发审慎对待，既要防止过早过急解决问题的倾向，又要防止两极分化的出现；实现共同富裕的过程，可以包容一定的贫富差距，但是要有限度，超过极限也会伤了社会主义的本质，从根本上背离人民的意愿，危及发展和稳定。这些，都为我们解决好当前最为突出的矛盾与问题，如城乡差距、地区差

距、居民收入差距持续扩大及贫富分化加剧等
问题，提供了科学的指南。

最后，社会主义本质理论体现的社会主义
基本价值观，对当前乃至未来社会主义和中国
特色社会主义的发展都具有极其珍贵的现实指
导意义。消灭剥削，消除两极分化，实现真正
的社会平等、社会公正，始终是社会主义的基
本价值追求。邓小平的社会主义本质理论对社
会主义现实运动最珍贵的贡献，就在于它既否
定了脱离现实生产力发展水平和中国国情对社
会主义基本价值的追求，彻底抛弃了企图在当
前极不发达的社会主义初级阶段就人为地消灭
剥削的错误认识和作法，同时又在现实社会主
义实践的方向上坚持了科学社会主义的基本价
值追求和最高价值目标。邓小平的社会主义本
质论强调，社会主义的功能与价值不仅在于解
放和发展生产力，而且还在于消灭剥削、消除
两极分化，并最终达到共同富裕。把握这一理
论的精髓，将有助于我们牢牢把握中国特色社
会主义的方向。社会主义本质理论把实现社会

公正、平等和共同富裕的社会主义最基本价值与现阶段的要求有机地结合起来，体现了价值目标与目标实现过程的有机统一，对于我们正确认识和处理中国特色社会主义建设进程中的矛盾与课题，也具有重大意义。

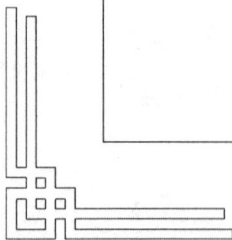

参考文献

［1］列宁．列宁全集（第 34 卷）［M］．北京：人民出版社，1985.

［2］中国共产党第十三次全国代表大会文件汇编［G］．北京：人民出版社，1987.

［3］徐鸿武．科学社会主义［M］．北京：高等教育出版社，1991.

［4］邓小平．邓小平文选（第 3 卷）［M］．北京：人民出版社，1993.

［5］马克思、恩格斯．马克思恩格斯选集（第 3 卷）［M］．北京：人民出版社，1995.

［6］列宁．列宁选集（第 4 卷）［M］．北京：人民出版社，1995.

［7］马克思．1844 年经济学哲学手稿（单行本）［M］．北京：人民出版社，2008.

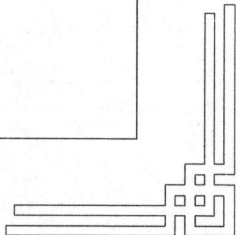